생존과
자존

이 도서의 국립중앙도서관 출판시도서목록(CIP)은 e-CIP 홈페이지
(http://www.nl.go.kr/ecip)에서 이용하실 수 있습니다.
(CIP 제어번호 : CIP2013017083)

생존과 자존

2013년 9월 17일 초판 1쇄 발행
2017년 11월 20일 초판 3쇄 발행

지은이 | 곽정식
펴낸이 | 孫貞順
펴낸곳 | 도서출판 작가
　　　　서울 서대문구 북아현로 89 버금랑빌딩 2층 (03761)
　　　　전화 | 365-8111~2 팩스 | 365-8110
　　　　이메일 | morebook@morebook.co.kr
　　　　홈페이지 | www.morebook.co.kr
　　　　등록번호 | 제13-630호(2000.2.9.)

편집 | 김이하 손희 장지원　　디자인 | 오경은
영업 | 손원대　　　　　　　　관　리 | 이용승

ISBN 978-89-94815-34-3

* 잘못된 책은 구입하신 서점에서 바꾸어 드립니다.
* 지은이와의 협의 하에 인지를 붙이지 않습니다.

값 13,000원

_ 서문

 그동안 삶의 여러 시간, 공간 그리고 인간들을 접하면서 나름대로 생존과 자존을 지키려고 부단히 노력했다.
 베이비붐 세대로 앞 세대의 규율에 따르고 뒤 세대의 창의를 배워야하는 이중의 부담 속에서도 이기는 것을 중요한 것으로 알고, 행하고, 바라왔다.
 살벌한 경쟁 속에서 큰 목소리와 허세가 진리를 누르고, 얄팍한 요령이 능력을 대신하고, 몰상식이 상식을 뒤집는 상황을 보면서 "세상이 다 이런 건가?"라는 회의를 품기도 하였다.

 돌이켜 보면 가장 기초적인 삶의 공간인 가정과 직장에서 진지하게 생각한 것들조차 "쓸데없는 고민과 갈등이었구나"라는 생각을 해본다. 벼의 땅 김제에서 태어났지만 '고개 숙임'의 의미도 이제야 제대로 와 닿고 서해의 밀물과 썰물의 의미도 가슴 깊이 스며든다.
 농촌 마을에서 서울, 미국과 유럽, 오지와 험지를 다니면서 다양한 형태의 삶을 여러 프리즘을 통해 본 결과, 결국 인간의 삶의 의미는 "남을 어떻게 이해할 것인가?"와 "어떻게 어울릴 것인가?"로 귀착된다고 보았다.

광활한 우주의 관점에서 보면 대단한 일도 없고 대단한 사람도 없다. 인간의 삶이란 어울림을 통해 지혜를 찾고 평화를 찾아 주어진 불균형 속에서 나만의 균형을 잡아가는 과정이다.

그 동안 나름대로 깨우친 처신과 운신의 지혜를 틈틈이 정리해 둔 것이 이 책이 나오게 된 계기다. 독자들이 이 책을 재미있게 읽으시고 공감과 울림을 가질 수 있으시다면 나에게는 큰 기쁨이 될 것이다.

이 책을 내도록 격려해 주신 牛寅 스승님과 여러 友人들께 그리고 침침한 눈으로 아들의 글을 교정해준 모친에게도 감사드린다.

2013년 8월

_ 차례

서문 4

1부_ 리더의 조건

리더란? _ 13
주인의식 _ 16
리더의 오사五事 _ 19
낯빛의 성공학 _ 21
평판, 따라다니는 이력서 _ 23
위기가 노크할 때 _ 25
앎과 봄 _ 28
진정한 배려 _ 31
리더의 표정 _ 34
교만과 부패, 불통 _ 36
상사가 원하는 것 _ 39
윗사람이 약해질 때 _ 41
지혜의 말 _ 43
큰 배와 수심 _ 46
호감과 공감 _ 49
인생 제1 법칙 _ 53
통찰력 _ 56
한가족 대접 _ 59

2부_ 부드러움과 강함

가족끼리 필요한 것들 _ 65
동트는 새벽은 춥다 _ 67
내 것을 도둑질하는 나 _ 70
아이들에게 필요한 사랑 _ 72
아이들을 보는 법 _ 76
아이들이 원하는 것 _ 78
아이들이 원하지 않는 것 _ 83
찰칵 찰칵 _ 87
부드러움과 강함 _ 90
일가견一家見 _ 92
시간의 의미 _ 96
불혹과 나이 사십 _ 99
베이비 부머의 추억 _ 101
파올로 스토리 _ 104

3부_ 코리아를 넘어서

신의주 정신 _ 109
'큰' 나라로 가는 길 _ 113
Sign, Design, Resign _ 118
최영장군의 영어 메시지 _ 121
완도사람들의 미소 _ 124

화륜火輪적 사고 _ 127
극과 극 _ 130
이탈리안 스타일 _ 134
아비뇽의 아들 Pavia _ 137
더치페이 _ 140
꼼 부 불레 _ 143
한자는 왜 필요한가? _ 146
유태인의 교육 _ 149
남은 우리를 아는데 _ 152

4부_ 운명 업그레이드

한번 사는 삶 _ 157
활과 화살 _ 160
페르소나 유감 _ 162
운칠기삼 _ 165
운과 명 _ 168
불행을 만드는 것들 _ 171
음양오행 _ 174
기대치 관리 _ 178
졸리의 입술처럼 _ 180
사람을 보는 눈 _ 185
용인의 묘 _ 188
젊은 문화 _ 191
세가지 매듭 _ 194
심사숙고 _ 196

착각속의 인간 _ 198
누락과 중복 _ 200
볏단을 진 농부 _ 203
사람의 때 _ 206
신해행증 _ 209
목화 바구미 _ 212

5부_ 행운이 올 때

행복의 조건 _ 217
머물자니, 떠나자니 _ 220
생존과 자존 _ 222
덴마크 사람들 _ 225
'위하여'와 '함께' _ 228
겸손의 가치 _ 231
보이지 않는 것들 _ 233
이명耳鳴과 코골이 _ 236
멈춤은 낙오인가? _ 238
멈춤과 기다림 _ 241
앎의 으뜸 _ 244
비교의 잣대 ─ 246
공자와 '똘레랑스' _ 249
운명결정 요소 _ 251
행운이 올 때 _ 254

1부

리더의 조건

리더란?

　리더의 역할은 "리더는 이래야 된다."고 말하는 사람의 수만큼이나 많다.

　리더의 역할을 선장의 역할과 비유해본다. 선장의 역할은 선원들과 배의 상태를 확인하고 가야 할 목표와 방향을 뚜렷하게 정하여 어느 속도로 가야 하는지를 최종 결정하는 일이다. 이 중 가장 중요한 것은 목표와 방향이다.

　구성원들을 리더와 같은 목표와 방향으로 동행하게 하려면 지치지 않는 여건을 만들어주어야 한다. 'Management'란 말은 Man - Easy - ment 로 발음 된다. 사람을 편하게 해주라는 뜻으로 풀이해본다. 리더는 먼저 사람들을 편하게 일하도록 해주어야 한다. 그래야 평범한 사람들도 마음 놓고 비범한 일을 할 수 있게 되는 것이다.

선장에게 주어진 환경이 늘 변하듯 리더에게도 주어진 상황은 시시각각 변한다. 리더는 변화하는 상황을 혼자도 보고 같이도 보아 조직내에 같은 의견이 형성되면 조직은 신뢰와 위임이라는 엔진이 생겨 성과를 내게 된다.

이때 리더가 조심할 것은 합리적 설득Credenda을 통해서 합의를 도출하되 상징조작Miranda과 같은 연출은 최소한에 그쳐야 한다. 상징조작은 주로 쓸데없는 행사나 홍보를 통해서 이루어진다.

지도자가 잠바차림으로 현장을 방문하고 뭔가를 심각한 표정으로 지시하는 것도 상징조작이다. 지도자가 자주 현장에 나와 실무를 챙기면 실무자는 그 때부터 사무실로 가서 보고서를 쓰기 시작한다.

진정한 리더십은 적절한 위임에서 나온다. 리더가 조직원이 해야 할 일을 챙길 때 그 조직은 더 이상 조직으로서의 의미를 상실한다. 왜냐하면 조직이란 '역할들의 묶음'이기 때문이다. 각 역할에는 '주인'이 정해져 있다. 리더가 리더 역할을 하고 아랫사람들도 주어진 역할을 잘 하면 주인의식이 생긴다.

윗사람이 아랫사람의 영역까지 침범하여 사소한 것까지 챙기는 것은 강박관념 때문이거나 스스로를 전지전능하게 생각하는 메시아적 발상 때문이다. 사장이 작업반장 소리를 듣는 회사에는 미래가 없다. 사장에게는 현재를 고민하고 미래를 구상할 수 있는 여유가 있어야 한다.

"닭은 새벽을 알리고, 개는 도적을 지킵니다. 사내는 밭을 갈고, 계집종은 밥을 합니다. 주인이 이 모든 것을 다 챙길 수는 없습니다." 제갈량이 사소한 장부까지 들여다 보자 아랫사람이 한 말이다. 실무자들을 긴장시킬 요량으로 한 장부 검사였겠지만 제갈량은 정중히 사과했다.

위임은 정확한 일의 분석을 통해서 적임자를 찾아 맡기는 것이다. 위임은 인정과 신뢰를 의미한다. 인정과 신뢰를 받으면 살 맛이 나고 충성심이 저절로 나온다.

조직원들이 충성심을 느끼면 자연히 '한솥밥' 의식이 형성된다. 한솥밥 의식은 구심력을 갖는다. 이 때 같은 의식과 생각을 가진 사람이 모여들게 되는데 이것을 동기상구同氣相求라고 할 수 있다. 리더에게는 때때로 물렁물렁한 뇌가 필요하다.

주인의식

　기업이나 조직에서 '주인의식'의 중요성을 반복적으로 강조하는 것을 보면 주인의식을 갖는다는 것이 쉽지 않은 모양이다.

　조직에서 구성원 모두가 한 마음이 된다면 못할 일이 거의 없을 것이다. 리더가 가지고 있는 꿈과 목표를 조직의 모든 구성원들이 공유한다면, 어떠한 어려움이라도 극복할 수 있고, 어떤 목표라도 달성할 수 있다. 조직원들의 처지에서 보면 리더가 자신들이 가지고 있는 희망과 형편을 잘 이해해주는 것이 무엇보다 중요하다.

손자병법은 상하동욕자승上下同欲者勝이라 하여 장군과 병사들이 하나가 되어 전쟁터에 나서면 반드시 전쟁에서 승리할 것이라고 강조하고 있다. 전쟁은 물자나 병력의 수적 우세에 의해서 이기는 것이 아니라 싸우려는 의지와 목표가 얼마나 공유되어 있느냐에 달려 있는 것이다.

주인의식이 형성된 조직은 불만보다는 해결책을, 비판보다는 솔선수범과 책임을 다 한다. 그런 이유로 주인의식이 있는 조직에는 언제나 위임이 가능하다.

30년 가까이 자장면 배달을 하신 분의 말씀이다. "나는 망해서 없어질 법정관리 회사를 잘 압니다. 회사 돈이라고 야식할 때 자장면 대신 삼선자장면과 비싼 요리를 시키는 회사는 머지않아 망합니다." 그는 또 말한다. "화장실에서 두루마리 휴지를 세게 당기는 소리가 나는 회사, 세면대 앞에 휴지가 떨어져 있는 회사는 직원들이 자기 회사로 생각하지 않는 회사입니다."

사람은 매우 평범하기도 하고 어떻게 보면 각자가 매우 특별하기도 하다. 핏줄을 공유한 식구들마저 생각과 개성이 다른데 하물며 성장환경이나 지위가 다르고, 하는 일이 다른 사람들을 한 방향으로 나가게 하는 것은 결코 쉬운 일이 아니다. 조직은 사람의 숫자만큼이나 서로 다른 생각과 의견을 가지고 있는 유기체이기 때문이다.

문제는 소통이다. 수시로 소통하고 대화하는 것이 상하동욕으로 가는 길이다. 이 때 '소통의 적'은 소통이 잘 되고 있다고 생각하는 데에 있다.

한 가지 더 유념할 점이 있다. 조직 내 불소통의 원인을 찾는다는 이유로 한쪽만 보이는 유리로 안쪽을 보는 것과 같은 감시활동은 오히려 화를 자초해 무소통으로 가는 길이 되고 만다.

불소통, 무소통의 원인은 모두 리더에게 있다. 친구와 적이 모두 '나'로부터 나온다. 실망하고 분노한 동료는 곧 내부의 적이 되고 만다. 동료를 주인이 아닌 적으로 만드는 리더는 존재 이유가 없다.

주인의식은 주인 대접을 제대로 받을 때 자연히 생긴다.

리더의 오사五事

사람은 얼굴이나 생김새로 판단되기도 하고 또 그런 것들이 살아가는 데 적잖은 영향을 주기도 한다.

지도자가 제 구실을 하기 위해서는 다섯 가지를 꼭 지키라는 의미로 오사五事라는 말이 있다. 모貌, 시視, 사思, 언言, 청聽이 그것이다.

貌는 표정, 태도, 자세를 말한다. 리더는 용모나 언행, 심지어 걸음걸이까지도 단정치 못하면 위엄이 없어 통솔에 한계가 온다.

視는 사물을 제대로 보는 눈을 말한다. 보이는 것과 보이지 않는 것도 볼 수 있는 눈이어야 한다. 다시 설명할 필요는 없다.

思는 잡념을 최소화하여 핵심을 짚어 내는 것이다. 思는 田과 心으로 이루어져 있다. 밭일을 하다 보면 가장 중요한 것이 잡초를 뽑는 일이다. 즉, 잡념을 없애야 핵심을 짚을 수 있다.

言은 신중히 해야 한다. 가급적이면 말을 적게 하여 뒤탈이 없도록 하는 과언무환寡言無患의 태도를 지켜야 한다. 특히, 심심할 때 행동 조심하고 피곤할 때 말조심해야 한다. 말도 함부로 하면 폭력이 된다. 폭력은 주먹에서만 나오는 것이 아니다. 언어폭력과 시선視線폭력도 한번 당하면 오랫동안 사무친다.

聽은 耳, 王, 直, 心으로 이루어져 있다. 여기서 중요한 것은 곧을 직直의 존재다. 상형문자를 나누어 뜻을 살펴 보았다. 듣는 것은 똑바로 듣고, 보는 것은 부드럽게 보아야 강요가 아닌 수용의 예禮를 실천한다는 뜻이 아닐까?

리더는 똑바로 듣고 부드럽게 볼 줄 알아야 한다.

낯빛의 성공학

첫인상을 결정하는 시간은 3초밖에 걸리지 않는다고 한다.

첫인상을 결정하는 요소는 외모, 표정, 제스처가 80%, 목소리와 말하는 방법이 13% 그리고 나머지 7%가 인격이라고 한다. 사람을 외모로 평가하는 것을 나무랄 수만은 없을 것이다. 소를 가리켜 날렵하다고 할 수 없고, 쥐를 가리켜 우직하다고 할 수 없기 때문이다.

첫인상은 주로 표정에서 결정되는데 표정은 감정의 영향을 받는다. 사람의 얼굴 근육은 80개로 되어 있는데 이 80개의 근육으로 7천 가지의 표정을 지을 수 있다고 한다.

사람의 얼굴을 보면 어지간한 것은 다 드러난다. 유태인들이 말하는 '사람이 숨길 수 없는 세가지'라는 가난, 사랑, 그리고 재채기도 모두 얼굴에서 나온다.

사람의 인상에서 얼굴이 80%를 차지하고 얼굴에서 눈이 차지하는 비중은 80%라고 하니 사람의 전체 인상에서 눈이 차지하는 비중은 60%가 넘는다. 생선가게에 가서 생선을 고를 때도 눈을 먼저 보지 않던가?

직장생활에서 인상을 좋게 하는 것은 의외로 쉽다. 인사를 잘하는 것과 늘 웃는 것이다. 웃을 때의 눈은 선량함과 친근함을 담고 있기 마련이다. 늘 인사를 잘하고 잘 웃으면 상대방이 부정적인 생각을 가졌다가도 금방 잊게 될 것이다.

생각해보라. 세상 모든 사람들은 늘 피곤하고 심심하고 외롭다. 웃음을 통해 상대방의 고달픈 삶을 잠시라도 잊도록 플라시보Placebo효과를 주는 것도 덕을 쌓는 일이다.

최소한 잘 웃고 인사만 잘해도 밥은 먹는다.

평판, 따라다니는 이력서

평판은 어디서 나올까?

좋은 평판도 나쁜 평판도 주변에서 나온다. 자신에 대한 위, 아래, 옆에서 나오는 평판은 그럭저럭 괜찮을 것 같지만 자세히 들어보면 섬뜩할 정도로 예리하고 정확할 때도 있다.

평판은 다면평가보다는 비공식적이지만 귀 기울일 만한 이유가 충분히 있다. 출세가 기본적인 실력, 힘과 관계의 산물인 반면, 좋은 평판은 주로 좋은 인간관계의 산물이다.

평판이 출세에 미치는 영향은 의외로 크다. 인사권자는 평판을 듣고 판단한다. 평판은 경우에 따라 종신적 지배력을 갖기도 하고 심지어 자녀의 혼사에도 영향을 미친다.

그런 의미에서 보면 직장 생활은 결국 평판을 만들어 가는 과정이라고 볼 수도 있다. 모든 사람을 다 만족시켜 모두로부터 좋은 평판을 받기는 어려울 것이다. 아무리 잘해도 의외의 일이 발생할 수도 있고 원칙대로 산다고 다 좋은 평판을 듣는 것도 아니기 때문이다.

좋은 평판은 여유가 있고 무던한 사람, 파격을 받아들이고 매력이 있고 마음의 공간이 여유로운 사람에게 돌아간다.

직장에서 좋은 평판은 2차집단(Gesellschaft)의 조직질서에 대한 순응과 1차집단(Gemeinschaft)에서 나오는 온기가 합쳐질 때 만들어진다. 인간은 강인함으로 위대해질 수 있지만 온유함이 없이는 완성될 수 없기 때문이다.

위기가 노크할 때

한 호텔에서 열린 경제 관련 학회에서 한 분이 키를 잃어버렸다며 한참 동안 호텔 로비에서 키를 찾고 있었다.

호텔지배인이 키를 잃어버린 곳이 정확히 어디냐고 물어보았다. 대답이 의외다. "주차장에서 잃어버렸다." 그런데 왜 여기서 찾느냐고 물으니 "여기가 가장 밝은 곳이기 때문이오."라고 했다. 어두운 곳은 외면하고 항상 밝고 편안한 곳에서 쉬운 말만 하고 쉬운 것만 하려고 하는 피상지사皮相之士적 학자들을 빗대 지어낸 이야기다.

기업의 새로운 사업 구상은 주로 학자들에 의해 이론화, 체계화된다. 피상지사적 학자들은 조건과 단서를 달아 이례적으로 발생할 수 있는 상황을 모두 배제하고 상대방을 쉽고 편하게 믿도록 만든다.

피상지사들이 물러나면 이번에는 실무를 잘 모르는 컨설턴트들이 등장한다. 그들은 현란한 프리젠테이션으로 선진사례와 성공사례를 소개하고 번지르한 신조어를 동원하여 내부의 분위기를 장악하기 시작한다. 컨설턴트가 내리고 난 엘리베이터에는 진한 향수 냄새의 여운이 남는다.

한편, 내부 기획파트에서는 처음에는 "이게 웬일인가?" 하다가 비판해보았자 대세는 이미 기울어졌다고 판단할 즈음 이름모를 루머가 횡행하고 기업 밖의 유력인사들의 이름이 언급되기도 한다.

"어차피 높으신 분의 뜻대로……." 몸보신을 위한 동조가 따른다. 지금부터는 낙관론이 지배하고 대세를 모르는 간헐적 비판자들은 '도전의식이 부족한 잉여인물'로 전락하게 된다. "해보기나 했어!"라는 도전주의가 중간 단계의 비판적 의견을 잠재운다.

'눈은 눈썹을 보지 못한다'라는 뜻의 목불견첩目不見睫이라는 말이 있다. 남의 사정을 살피기는 쉽지만 자신의 눈썹은 볼 수 없듯 자신을 보기는 쉽지 않다. 자신을 살피기 어려운 이유는 원하는 쪽으로 믿고, 듣고 싶은 것만 듣고, 유리한 쪽으로 말하고, 만나고 싶은 사람만 만나기 때문이다.

그렇게 되면 '간신과 내시'들이 득세하게 된다. 그들은 용비어천가를 부르고, 좌질한 충신과 실의에 빠진 지사들은 모두 흩어져 낙향하게 된다. 중국 고전이나 조선시대의 이야기가 아니다. 오늘날 정부나 기업조직에서도 흔히 발생할 수 있는 일이다.

실패의 출발점은 낙관이다. 긍정적 사고는 바람직하지만 낙관적 사고는 경계해야 한다. 경제와 비즈니스는 가장 비관적 시나리오에서 출발해야 한다. 사업은 가장 비관적 시나리오를 제시하고 그 대책이 완벽할 때 시작하는 것이다. 될 것을 밀어부쳐야 한다.

어제 성공했다고 내일도 성공한다는 보장은 없다. 막연한 낙관은 미래의 구체적 실망으로 이어진다. 반대의견이 없을 때는 아예 결론을 내지 말아야 한다.

경제나 경영은 정확한 과학이 아니라 암초를 피하고 파도를 헤쳐나가는 항해와 같다. 이 때 경영자는 함대를 이끄는 선장이 된다. 시시각각 바뀌는 상황에 따라 대책도 적절하게 바뀌어야 한다.

근심은 소홀함에서 생기고 재난은 사소한 일에서 발생한다.

앎과 봄

늘 배우고 생각하면 고공 비행을 하게 된다.
높이 날면 넓게 볼 수 있다. Fly high. See wide.

40년 전 워싱턴으로 가보자.

막대한 국방비를 줄이려는 펜타곤은 먼저 해외주둔 미군 유지비용을 삭감하려 한다. 그 중에서 전투기에 유류를 공급하는 해외 기지 유지비용이 엄청났다. 그 무렵 우리나라에도 곳곳에 소규모 미군 유류 저장소들이 많았다. 이 유류 공급기지를 줄여야 예산 절감이 되는데 좀처럼 묘책이 떠오르지 않았다.

허만 칸이라는 학자에게 용역을 주기로 했다. 용역비는 4백만 불. 큰 돈이었다. 허만 칸은 며칠 후 단 한 줄로 된 용역보고서를 제출한다. 내용은 "공중 급유를 하시오." 그 후 미군은 공중급유 능력을 개발했고 전투기 급유기지 수는 크게 줄어들었다.

복잡한 일을 다 알아야 단순하게 말할 수 있다.

허만 칸은 1960~70년대에 한국의 미래에 관하여 박정희 대통령에게 여러 가지 제안을 했다. 그 중 하나가 도시 공업근로자뿐만 아니라 농어촌의 우수 노동력 육성에도 관심을 두어야 한다는 내용이었다. 그의 제안은 얼마 후 새마을 운동이 된다.

나폴레옹은 "지렁이가 없는 땅은 정복하지 말라."고 지시했다. 그의 토질과 기후에 대한 지식은 "지렁이 없는 땅에는 경작이 되지 않는다."라는 사실을 속삭여주었던 것이다.

요별경식了別境識! 자기가 '아는 만큼 보인다'는 뜻이다. '앎'을 올리고 늘리면 '봄'이 늘어난다.

사람은 '경험의 노예'라는 말도 있다. 경험한 대로 생각하고 결정하게 된다. 만약 그 경험이 극히 부분적이고 제한적이라면 결과는 위험하게 된다.

나의 경험을 능가하는 지식을 찾고, 나와 다른 경험을 한 사람의 의견을 똑바로 듣고 생각하며, 다시 공부하고 확인해야 한다.

그 응축된 결과가 '진실의 순간Moment of truth'이 되어 변화를 일으킨다.

진정한 배려

설렁탕과 곰탕의 차이에 대한 설명은 여러 가지지만 설렁탕에는 곰탕과 달리 머릿고기가 들어간다.

소의 머리를 의미하는 우두머리는 우두牛頭가 유래다. 소는 효용이 아주 많은 동물이어서 살아서는 물론 죽어서도 뿔에서 꼬리에 이르기까지 버릴 데가 없다. 그런 의미에서 리더인 우두머리는 효용이 큰 사람이다.

조금 더 이야기해보자. 회사에 신입사원이 들어오면 일을 열심히 하려는 의지는 충만한데 누구로부터 무엇을 어떻게 배워야 할지 몰라 과민한 시간을 보내게 된다.

회사에 처음 입사했을 때 선배로부터 들은 조언이다. "상사는 말로 일하고 부하는 행동으로 일한다. 말은 행동보다 빠르다. 따라서 스피드는 언제나 상사의 것일 수밖에 없다. 신입사원은 신속, 정확 중 하나를 선택해야 한다면 조그만 일이라도 꼼꼼하고 정확하게 하는 것이 필요하다." 이 말은 정서적으로 불안한 여러 신입 동료들을 편안하게 해주었다. 상대방의 심리상태와 형편을 살펴 꼭 필요한 말을 해줄 때 좋은 리더가 될 수 있다.

얼마 전 '멧돼지 잡아먹는 호랑이' 라는 동영상을 본 일이 있다. 아프리카 사자는 사냥감을 궤적에 따라 전속력으로 몰다가 덮치는 방식이라면, 호랑이의 사냥방식은 사자와는 달리 사냥감 앞 3~4미터쯤 가까이 간 후 삽시간에 급소인 목을 물어 사냥을 마치는 'One kill 방식' 이었다. 상대방에 대한 배려 역시 목 마른 사람에게 인절미 주는 식으로는 효과가 없다. 물을 주어야 한다. 특히 두루미에게는 물을 호리병에 주어야 한다.

배려配慮란 말에도 '바로 옆'을 의미하는 配와 '호랑이'를 의미하는 虎, 생각 思가 다 등장한다. 배려는 나의 바로 옆에 있는 사람에게 가장 필요한 것을 찾아 즉시 처리해주는 'One kill 방식' 이 좋다. 중소기업과의 상생도 다과회와 사진 촬영이 아닌 실질적이고 핵심적인 도움을 주고 받아야 효과가 있다.

성경 이야기다. 예수는 "너희 중에 죄 없는 자가 먼저 그녀에게 돌을 던지라. If any one of you is without sin, let him be the first to throw a stone at her." 라는 말씀을 하셨다. 요한복음 8장 7절에 나온다. 정확히 말하면 예수는 이 말을 땅바닥에 적었다.

만약 예수가 큰 목소리로 외치셨다면 그 말씀은 흥분한 군중들의 성난 목소리에 묻혀버렸을 것이고 예수 자신 또한 위험에 처했을 것이다. 그는 소리치는 대신 조용히 땅바닥에 적음으로써 군중을 진정시키고 그의 말씀에 집중하도록 했던 것이다.

바로 옆에 있는 사람에게 가장 필요한 것을 찾아 즉시 해주는 것이 배려의 핵심이라면, 리더는 우선 상황파악이 빨라야 된다.

리더의 표정

"신 앞에서는 울어라. 그러나, 인간 앞에서는 웃어라." 탈무드에 나오는 말이다. 웃으면 적이 없어진다. 적이 적이기를 포기하는 것이다.

김대중 씨가 김영삼 씨에게 대통령 선거에서 패배한 후 영국으로 건너갔다. 그때 그는 러시아 출신의 선거 전문가를 만나 자신이 김영삼 대통령에게 패배한 이유를 물어보았다고 한다. 전문가의 답은 의외로 간단했다. "당신은 늘 심각하지만 김영삼 대통령은 늘 웃는다. 유권자들은 누구에게 편안함을 느끼겠는가?"

그 후 김대중 씨는 늘 웃는 모습으로 언론에 나왔고 그는 다음 대선에서 승리했다. 거울은 먼저 웃지 않는다. 리더가 수시로 유머와 웃음을 줄 수 있어야 편안함 속에서 소통이 된다.

라캉Lacan이라는 심리학자는 타인의 모습을 자신의 모습이라고 했다. 자신이 웃지 않는데 타인이 웃을 리 없다는 뜻이다. 마찬가지 이유로 타인을 비난하면 그 결과는 자신에게 돌아와 자신의 허물을 들추게 된다. 네가 있어야 하는 이유는 "내가 너를 통해서 나를 보기 때문이다."라는 말이 있다. 내가 웃어야 거울이 웃는다.

다만, 시간차가 있을 수 있다. 현실에서는 내가 웃는다고 상대방이 바로 웃을 것이라고 생각하지는 말아야 한다. 시간차가 길어진다면 그것은 나의 방법이 서툴기 때문일 것이다.

타인으로부터 공격을 받을 때 어떻게 처신하는 것이 현명한가? 톨스토이는 상대방에게 복수하는 가장 좋은 방법은 그 사람과 다르게 행동하는 것이라고 했다.

언제든 화난 표정을 지을 필요는 하등에 없다.

교만과 부패, 불통

가끔 세상의 불공평을 탓하며 이런 말을 하는 분이 있다.
"어떻게 저런 사람이 그 자리에 있을까?"

'저런 사람이 그 자리에 있는 이유'는 임명권자가 그의 인품과 능력을 보았기 때문이지만 '저런 사람'이 비난을 받는 가장 흔한 이유는 '저런 사람'의 교만 때문일 것이다. 교만을 쉬운 말로 하면 거드름 피우고 까부는 것이다.

"교만하면 3년을 못 버티고 아무리 높은 권력도 10년을 넘기기는 어렵다."라는 뜻으로 교불삼년 권불십년狡不三年 權不十年이라는 옛말이 있다.

영원한 권력도 없지만 교만하면 미움을 사 머지않아 무너지고 만다. 역사는 자신을 우상숭배하다 몰락한 케이스를 반복적으로 보여주고 있다.

집권자도 퇴임할 때가 가까워지면 쓸쓸하고 힘없는 상황으로 접어든다. 이 무렵이 되면 높이 올라간 자의 속옷을 보고 싶어하는 사회적 관음증이 발동하기 시작한다. 임기 말이 되면 정적들과 매스컴이 피라니아 떼가 되어 크고 작은 허점을 찾아 나선다. 허무한 것이 권력이다.

부패는 교만의 다른 얼굴이다. "권력은 부패하기 쉽다. 절대 권력은 절대로 부패한다." 역사학자 액튼 경Lord Acton의 말이다. 권력의 부패는 권력자의 가족과 측근에서 발생하기가 쉽다.

정권 초창기 때의 선도鮮度유지가 쉽지 않다. 잡기 어려운 게 기회요, 놓치기 쉬운 게 시기時機라는 생각으로 권력자는 그 권력에 들어가는 순간 바로 반 부패 의지를 보여 주어야 한다. 조금이라도 부패한 인물은 미련 없이 교체해야 한다. "들자니 무겁고 놓자니 깨질 것이 걱정되어 못한다."라는 옛말처럼 단호한 결정은 쉽지 않다. 그러나 해야 한다.

권력자가 부패 처리에 약한 모습을 보이면 그의 모든 행동은 권위를 잃게 된다. 그가 선의로 한 행동마저도 "송장을 치고 살인 누명 쓴다."라는 말처럼 오해를 피하기 어렵다. 그렇게 된 권력자는 국민과 담을 쌓게 되어 스스로 '국민적 자폐아'가 되고 만다.

상사가 원하는 것

상사는 지시를 한다. 부하는 받은 지시를 이행한다. 문제는 지시와 이행 사이의 시간간격이다. 상사는 자신의 말이 어떻게 실행되어야 할지, 어떻게 실행되고 있는지 늘 궁금해 한다. 부하 입장에서는 상사의 지시에 반응을 보여야 하는데 이 반응을 '피드백'이라고 한다.

상사는 자신이 예상한 시간에 피드백을 받지 못하면 마음이 불편해지거나 뒤틀리기 시작한다. 중간에 짤막하게라도 보고를 하는 것이 상사를 안심시키는 것이다. 실무급 상하 관계에서는 적절한 피드백의 유무에 따라 직장생활의 성패가 결정된다.

　상사는 부하로부터 수시로 피드백을 받아 상황을 파악하고 다시 정교한 지시를 할 수 있게 된다. 그런 이유로 피드백은 일의 완결성을 높여주고 피드백을 통한 교감은 상하의 공감대Rapport를 형성하게 해준다.

　피드백이 중요함에도 잘 되지 않는 이유는 무엇일까?

　'별것도 아닌 일'로 상관을 자주 접촉하는 것은 점잖지 못한 일이라고 생각하기 때문이다. 큰 오판이다. 상사는 일단 지시한 내용이 크건 작건 피드백을 기다리는 속성이 있다. 상사는 자신이 마음속에 정한 데드라인이 가까워지면 신경이 과민해진다. 이 상태가 지나면 재앙이 된다.

　상사는 피드백이 부족하거나 속도가 느린 부하를 '알다가도 모를' 사람이나 '굼뜬' 사람으로 여기게 된다. 과묵과 점잖음이 능사가 아니다. 상사는 늘 부하의 쓰임새에 대하여 생각하는데, 부하의 용用과 불용不用을 따져 서열화 시킨 후 승진시킬 사람과 그렇지 않을 사람을 분류하는 속성이 있다. 피드백이 부족한 사람은 '不用'의 카테고리에 들어가기 쉽다.

　자극과 반응은 감정교류의 기본이다.

윗사람이 약해질 때

사람은 누구나 빚지기를 싫어한다.

윗사람이 아랫사람을 심하게 나무라고 나서 시간이 지나면 "내가 너무했나?"라는 생각이 들고 불가피한 사정으로 아랫사람에게 좋은 보직을 주지 못했을 때도 "다음 번에는 그 친구를 우선 고려해야지."라고 마음을 먹게 된다.

그런데 아랫사람이 서운하다고 화를 내고 그 자리에서 불만을 표현하면 윗사람의 미안한 마음은 사라지게 된다. 즉, 윗사람은 자신의 감정계좌에서 심리적 부채를 청산하는 것이다.

아랫사람은 은연중 윗사람이 전인적 인격체는 아니더라도 어느 정도 너그럽기를 바란다. 품위 있고 너그러운 상사가 있는 반면, 그렇지 않은 경우도 있다.

누구나 어떤 형태로든 조직생활을 경험하지만 조직생활의 대부분을 아랫사람으로 지내게 된다. 이 과정에서 여러 가지 개성과 취향을 가진 상사와 생활하게 되는데 어떤 상사와도 잘 맞추고 지내야 성공적인 직장생활이 된다.

상사는 아랫사람의 자유와 행동반경을 결정하기 때문에 아랫사람이 윗사람의 재량을 벗어나서 행동하기란 결코 쉬운 일이 아니다.

서운한 일이 있다고 하더라도 '욱' 하는 부정적인 감정을 멈추고 긍정적인 마음으로 바꾸는 것은 생존의 무기인 겸손의 실천이 될 뿐 아니라 상대방인 윗사람으로 하여금 마음의 빚을 지게 하는 기술이다.

모든 감정에는 뒷맛과 뒤끝이 있다. 뒤끝이 있기 때문에 "나는 뒤끝이 없다."라고 하는 것이다. 멈출 줄 아는 마음과 굽히고 살피는 태도는 높은 수준의 지혜이다.

지지知止와 겸손謙遜은 생존과 생계를 담보하는 키워드이다.

지혜의 말

같은 말이라도 교양 있는 말을 하면 사람이 달라 보인다.

영어권 사람들은 첫 대면에서 "당신은 영어를 하실 줄 압니까?"라는 질문을 거의 하지 않는다. 대신 "당신은 어느 나라 말이 편하십니까?" "한국어를 잘 하지 못해 미안합니다."라는 식으로 말을 한다. 형식적이지만 상대방을 배려하는 표현이라는 느낌을 받게 된다.

2011년 3월 11일 오후, 서울 주재 일본상사의 책임자였던 분과 상견례를 갖고 이러저러한 이야기를 하던 중 그는 자신을 "도호쿠 시골사람이 서울 책임자가 된 것은 꽤 출세한 것이다." 라고 겸손한 소개를 하였다. 그가 이 말을 하던 그 시간 우연히도 그의 고향 도호쿠에서는 큰 지진이 발생하고 있었다.

그가 몇 달 후 '한국과 일본의 미래' 라는 내용의 강의를 한다고 하여 듣게 되었다. 그는 강의에서 모든 용어를 시종 수강자의 입장에서 사용하였다. '조선반도' 라는 자신들의 용어 대신 '한반도' 를, '일한관계' 라는 표현 대신 '한일관계' 라는 표현을 사용하였다.

나의 다른 생각이나 견해마저 그의 예의와 배려 속에 묻히고 있었다. 인간의 뇌는 동시에 두 가지 생각을 하지 못한다.

커뮤니케이션이나 소통이라는 것도 좋은 말과 글로 하는 것이겠지만 보다 본질적인 것은 태도라고 생각된다. 전달하고자 하는 사람의 적극성과 진지성의 여부, 상대방의 입장에 대한 인식, 상대방에 대한 믿음과 배려가 수반될 때 설득력을 갖는다. 상대방에게 호감과 공감을 주지 못하는 말은 메시지 없는 사운드에 불과한 것이다.

작년 언젠가 '박 아무개 후보 공천발표에 이 아무개 벙어리 냉가슴' 이라는 신문기사를 보았다. 아무리 장애인 배려를 외쳐도 이런 용어를 버젓이 사용한다면 문화적 품격은 낮아질 수 밖에 없다.

얼마 전 들렀던 대중 목욕탕 안내원으로부터 들은 말이다. "저희 업소는 세화洗靴실장님이 세신洗身실장까지 겸하십니다." 지나친 겸양인가?

큰 배와 수심

공항에 터미널이 있듯 항구에도 터미널이 있다.

물론 버스를 타고 내리는 곳도 터미널이다. 터미널은 비행기, 버스, 배, 트럭을 이용하여 사람이나 화물을 이합집산시키는 일종의 정거장이다. 따라서 화물 터미널 사업이라고 하면 화물을 싣거나 내린 후 운송과 보관을 하는 물류사업을 말한다.

석탄처럼 부피가 큰 화물을 보관했다가 소비자들에게 운송하는 터미널 업무를 하면서 자주 듣게 되는 말은 흘수吃水라는 생소한 용어이다. 선박운송과 관련된 일을 하는 사람들끼리는 Draft라고도 한다. 아무튼 흘수는 배에 물건을 실었을 때 배가 얼마나 물에 잠기는가를 측정한 수치를 말한다.

흘수에 사용되는 흘吃자는 '말더듬을 흘' 자로 입구口에 구걸求乞한다는 의미의 걸乞자를 합쳐 만들어진 글자이다. 물의 깊이를 재는 흘자가 하필이면 입으로 구걸한다는 뜻을 가졌을까?

이유는 배의 겉면에 치는 '지적지적한' 물살소리가 옛 사람들의 귀에는 걸인의 구걸하는 소리로 들렸던 것이다. 걸인이 "한푼 줍쇼. 한푼 줍쇼." 하면서 단조롭게 반복하는 소리를 옛 사람들은 이렇게 위트 있는 의성어로 만든 것이다. 놀라운 관찰 능력이다.

항구에 따라 정박시킬 수 있는 배의 크기는 항구의 수심에 따라 결정된다. 바꾸어 말하면 수심이 깊으면 큰 배가 정박할 수 있다.

배에 대하여 한가지 더 알아야 할 것은 아무리 큰 배라도 항구에 가까이 접근하면 작은 예인선이 나타난다. 이 예인선은 '채널Channel' 이라고 불리는 물길을 따라 큰 배를 안전하게 끌고가 정박하도록 이끌어 준다.

항구에 배가 정박하는 과정을 보면 안내를 따라 길을 가야 한다는 점에서 삶의 지혜를 느끼게 된다.

일상에 묻혀 얕아지고 작아지는 느낌이 들 때는 '흘수가 큰' 멘토를 찾아가 보이지 않는 채널을 묻는 것도 지혜일 것이다. 세상살이가 짧은 후배의 말도 삶을 이끄는 예인선이 될 수 있다.

호감과 공감

 케케묵은 것으로 보이는 성리학의 사단칠정론四端七情論이 현대인에게 '어떻게 하면 리더십을 배양할 수 있는가'에 대한 의미 있는 메시지를 주고 있다.

 인품을 높이려면 사단四端을 높이고 칠정七情을 줄여야 한다. 칠정이라는 짐승적 사고에서 사단이라는 이성적 사고로 바꾸는 과정에서 인품이 생기게 된다. 먼저 사단은 측은지심惻隱之心, 사양지심辭讓之心, 수오지심羞惡之心, 시비지심是非之心이다. 칠정은 희로애락애오욕喜怒哀樂愛惡欲이다.

 사단에도 순서가 있지만 공자가 말하는 인仁 역시 측은지심에서 출발하니 측은지심을 조금 더 생각해 보자. 측은지심을 기초적으로 말하면 '내가 상대를 때리면 아프겠다' 라고 생각하는 마음이다. 이것을 인지하지 못하면 사이코패스가 되고 만다.

새끼가 함정에 빠져 쩔쩔 매는 짐승의 마음을 헤아리는 것 역시 측은지심이다. 동생이 생긴 아이가 엄마가 나가고 나면 동생을 꼬집는다. 이 아이에게 동생을 꼬집지 말라고 나무라는 것보다 엄마의 사랑이 변함없다는 것을 보여주는 것이 중요하다. 이 역시 측은지심이다.

생각해보라. 오늘날 우리는 가정에서 시켜야 할 교육마저도 아웃소싱Outsourcing해 버리고 부모는 스케줄 매니저로 전락 해버렸다. 그 결과로 아이들의 인성은 거칠어졌고 학교의 분위기는 삭막해졌다. '몇 등 했냐' 와 '이겼냐 졌냐' 를 논하는 가정과 학교에서 측은지심을 익히기는 쉽지 않을 것이다.

가정 교육이 측은지심으로 시작되어야 남과 공감共感하게 될 것 아닌가? 공감보다 좋은 소통은 없다. 공감이 소통의 스타트이자 핵심이다. 예수 역시 공감의 중요성을 여러 번 언급하셨다. 마태복음 7장 말씀을 소개한다. "무엇이든지 남에게 대접을 받고자 하는 대로 너희도 남을 대접하라. So in everything, do to others what you would have them do to you." 공자 역시 공감의 중요성을 말씀하셨다. "네가 원하지 않는 것은 남에게도 시키지 말라."라는 기소불욕 물시어인己所不欲 勿施於人이 바로 그 말이다.

노사관계도 측은지심에서 시작하면 해결의 실마리가 잡힌다. 사使의 입장에서는 "우리 동료들이 박봉에 식구들 먹여 살리느라 고생이 많구나."라는 마음으로, 노勞의 입장에서는 "세계적 불경기인데도 나이도 젊은 우리 회장이 여기 저기 다니느라 고생이 많구나."라고 생각하는 것이 공감이요 측은지심이다.

직장에서 회의나 토론, 업무지시가 생각만큼 성과를 내지 못하는 이유도 공감의 부족 때문일 것이다. "에이! 지나 잘하라고 해."라는 냉소가 흐르는 조직에서 효율을 기대하기는 어렵다.

우리는 공감의 중요성을 잘 알고 있지만 실은 공감이 아닌 호감을 얻으려고 하는 경우가 많다. 호감에는 의도와 전략이 숨어있는 반면 공감은 윈윈Win-win할 수 있는 마음의 토대이다. 사람이 처음 만날 때 꾸미는 첫만남의 모습은 호감을 사려는 것이지 공감은 아니다. 남녀간에도 연애는 호감으로 하더라도 결혼 생활에는 공감이 필요하다.

공감해주고 칭찬해주면 누구나 플러스 알파를 알아서 한

다. 교회에서 사탕을 받은 아이가 다음 주에는 친구 하나를 데려 오듯.

사람은 누구나 자기 입장에서 세상을 바라보고 생각하기 십상이다. 집에서 싸우고 나와 벤치에 앉아 듣는 새소리와 애인을 기다리면서 듣는 새소리가 다르지 않겠는가?

사람마다 말 못할 애로와 사연을 안고 산다. ~척하고 ~체하는 호감보다 꾸밈없는 공감과 양보를 해 보자. 인仁이나, 측은지심, 공감은 모두 '내 꺼 내놔' 하는 식의 소아적小兒的 욕망을 자제하고 양보를 할 때 나온다.

성경 역시 측은지심의 중요성을 강조하였다. 잠언 1장 24절을 자세히 보자. "내가 부를지라도 너희가 듣기 싫어하였고 내가 손을 펼지라도 돌아보는 자가 없었고"라는 구절에서 '내가'는 누구를 말하겠는가? 배 곯는 자, 나병 환자, 몸 파는 여인 등과 같이 모든 종류의 약자를 말하는 것이 아닐까? 예수 = 약자이다.

인생 제 1법칙

"What goes around comes around. 뿌린 대로 거둔다." 인과의 법칙이자 우주 제 1법칙이고, 성공의 제 1법칙이다. 중요한 것은 씨 뿌리는 계절을 놓치지 말아야 한다는 점이다. 때를 놓치면 씨앗이 아무리 좋고 많아도 소용이 없다. 또 씨앗은 적절한 곳에 뿌려야 한다. 때를 놓치지 않고 좋은 곳에 씨를 뿌리면 거두는 것은 하늘이 돕는다.

올바른 때와 장소를 찾아내는 것은 말처럼 쉬운 것은 아니다. 쓸데 없는 곳에 시간과 정력을 낭비하지 않고 일념통천—念通天의 마음으로 집중할 때 올바른 때와 장소가 보이고 도와

주는 엠마누엘 천사가 나타나는 법이다.

조직의 리더는 새로운 길을 열고 좋은 씨를 뿌려 좋은 열매를 수확하는 것을 보여주는 사람이다. 농부가 하늘을 보고 땅의 조건을 맞추듯 리더는 세상의 변화를 보고 조직의 성장 조건을 개선하고 혁신시켜 나가야 한다.

리더가 개선과 혁신을 추진하기 위해서는 조직 상하 구석구석에 늘 긍정의 기운이 넘쳐야 한다.

기업에 입사할 무렵을 돌이켜 보면 처음 받게 되는 급여에 관심이 많았다. 다른 직종, 다른 직장의 급여와 비교도 하지만 일정시간이 지나면 급여보다는 적성에 맞는 일을 하고 있는 지를 고민하게 된다. 자신의 성장과 미래에 영향을 주기 때문이다.

자기 적성과 특기에 맞는 일을 열심히 한다면 얼마 후 전문성이 생기고 직장 내외에 자신에 대한 평가와 브랜드도 생기게 된다. 자연히 승진이 따라오고 승진이 되면 다른 직장의 친구보다 낮게 받았던 초봉의 차이를 넘는 보상이 이루어질 수 있다.

적성에 맞는 직장은 오히려 돈을 내고 다녀야 할 학원이라고 생각해보라. 직장에 다니시는 분들은 생각해보라. 틀린 말인가?

직장을 들어가서도 불만을 입에 달고 다니는 사람들이 더러 있다. 불만의 원인은 여러 가지겠지만 주로 자신이 하는 일에 대해서, 상사에 대해서, 회사의 문화와 오너에 대해서, 또 사기보나 못하나고 생각하는 동료나 부하 직원에 내해서 비난을 하는 것이다.

이 분들의 특징은 "요즈음 죽겠다."를 입에 붙이고 산다는 점인데 이 말은 비생산적 일뿐만 아니라 옆 사람을 정신적으로 오염시키기까지 한다.

어떤 분은 성에 차지 않는 '못난' 동료나 부하를 보면 "꼬락서니 하고는"이란 힐난을 입에 달고 산다. 능력이 좀 부족한 부하나 '시시한 일'을 하는 사람이 모두 떠난다면 그런 동료의 일까지 자신이 맡아야 한다는 사실을 알아야 한다.

무수리가 없는 왕궁은 더 이상 왕궁이 아니고, 왕도 '우매한' 백성 덕분에 왕 노릇을 할 수 있는 것이다. 남의 무능을 탓하려면 남을 유능하게 만들 성의가 있는지부터 스스로 물어보아야 한다.

시시한 일이라고 일 탓할 필요도 없다. 어떤 일이든 혼신을 다해 열심히 하면 나로부터 조직에 활기가 생긴다. 분위기가 긍정적으로 바뀌고 동료가 반가워지고, 고마워지게 되어 휴일에도 보고 싶어진다.

"나의 지경을 넓히소서!" 성경 말씀이다.

통찰력

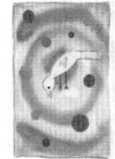

통찰력이란 말은 '지도자의' 라는 수식어를 동반한다. 통찰력은 미래와 운명을 결정하는 지도자의 현재 역량이다.

지난 가을 인연이 깊은 선배로부터 편지 한 통을 받았다. 편지에 한자로 적힌 통찰력洞察力이란 말을 발견했다. 통찰력을 '꿰뚫어본다' 는 뜻으로 생각했기 때문에 "通察力이라고 쓰는 것이 맞다."고 생각했던 터라 전화할 기회가 있어 지난번 사용하신 한자가 틀렸음을 알리자 선배의 반응은 확고했다. "사전부터 찾아봐." 선배 말이 맞았다. 통찰력의 의미를 다시 짚어보게 되었다.

洞은 본시 골짜기를 말한다. 알다시피 골짜기에는 많은 것들이 흘러 들어오게 된다. 흘러 들어 온 내용을 들여다 보고 의미와 가치까지 보는 것이 洞察이다. 통찰력은 그냥 나오지 않는다. 남과 나, 그리고 주변과 세상을 오랜 기간 공부하고 관찰하고 부대낀 결과로 나오는 것이 통찰력이다.

통찰력은 위기감지 능력으로 평가되는데 위기감지 능력이 없는 지도자는 중요한 때 친구와 적을 구분하지 못하기도 하고 세상의 미묘한 변화의 흐름을 관조하지도 못한다. 그 결과는 모두에게 불행이 된다.

큰 결정이나 판단을 할 때 꼭 필요한 영감과 통찰력은 어떻게 훈련되는가? 유구한 시간 속에 흐르는 우주와 자연을 무념무상으로 보면서, 자신에 대한 유·불리의 계산이 없어질 때 비로소 생기게 된다.

수업을 의미하는 Tuition은 외부로부터 배우는 것을 말하고 통찰력을 의미하는 Intuition은 내부가 원천이 되어 밖으로 나오는 것을 뜻한다. 직관력이나 통찰력은 학원에서 배우거나 과외를 통해서 생기는 것이 아니다. 시골 밤의 별, 장독대 앞에 핀 채송화를 보는 것만으로도 우리의 사고의 폭과 성정의 깊이를 만들 수 있다. 이런 폭과 깊이가 인간애와 통찰력을 만들어준다.

루소는 '에밀'에서 교육은 시골과 도시를 번갈아 가면서 하는 것이 바람직하다고 했다. 시골 출신이든 서울 출신이든 가끔은 마음을 비우고 자연과의 대화를 통해 영감을 얻고 통찰력을 가다듬을 수 있을 것이다.

지도자가 아니더라도 누구에게나 통찰력이 필요한 이유는 언제나 크고 작은 선택과 결정의 순간들이 있기 때문이다.

한 가족 대접

모든 개인이나 집단, 국가는 비전과 목표가 있다. 그리고 비전과 목표를 달성하는 데는 중요도에 따른 우선순위가 있다.

대한민국의 발전은 '자유민주주의와 시장경제'를 중심이념으로 하여 '제한된 국가 자원을 어디에 얼마를 쓰느냐'에 달려 있다.

부국강병이냐, 국리민복이냐는 우선순위의 문제일 수도 있다. 과거에는 '잘 먹고 살자'를 오른쪽에, '말 좀 하고 살자'를 왼쪽에 놓고 수시로 균형을 잡아가는 것이 정치적 리더십이었다.

그보다 우선하는 것이 있다. 국가의 안보다. 안보를 지키기 위해서는 국민들이 하나로 뭉치는 것이 필요하다. 뭉치게 하려면 서럽고 좌절된 백성이 많아서는 곤란하다. "나는 대한민국 국민이다."라고 말할 때는 구김이 없어야 한다. 그래야 아이덴티티Identity가 생기고 국가를 지키고 안보가 유지된다.

국력을 인프라와 시스템의 구비, 국민의 지적 수준과 예의범절, 그리고 아이덴티티에 대한 공감대라고 본다면 우리나라는 앞으로 아이덴티티의 유지와 강화에 많은 공이 들어 갈 것으로 보인다.

소득과 경제력 차이, 통일 후의 국민 결속 등이 히든 어젠더Hidden agenda에서 현실로 다가오고 있다. 이런 것들을 해결하지 못할 경우 국가 아이덴티티의 와해라는 최악의 상황에 봉착할 수 있다. 이러한 상황에 대한 예방은 국가의 정책결정이나 국민 개개인의 마인드에도 아량과 관용의 연대의식이 녹아 있어야 한다.

누군가 공자에게 질문을 했다. "병사와 식량, 백성 중에서 먼저 포기해야 한다면 첫 번째는 무엇인가요?" 공자의 답은 "첫째는 병사다. 그 다음이 식량이다. 백성이 단합하면 식량이 생기고 병사는 일어난다."

프랑스의 경우 다민족 국가 체제 유지를 위해 사용하는 두

가지 정책적 철학은 똘레랑스(아량)와 솔리데리테(연대)이다. 이 철학의 배경은 프랑스 계몽주의 시절 仁의 사상을 맛본 결과일 것이다. 우리는 일찍이 유교를 꽃 피운 경험이 있다. 유교를 성균관 제례에만 묶어두지 말아야 한다.

넓게 보고 깊이 생각해 보아야 한다. 지엽적 사고로는 현재와 미래를 제대로 연결시키지 못한다. 내용연수가 다 되어가는 서구의 합리주의적 사고나 새로 산 전자제품 사용설명서 같은 서구식 생활 방법론에서 이제는 좀 벗어나보자.

우리가 "너무 추상적이라 밑도 끝도 없다."고 던져버렸던 전통 사상의 먼지를 털어 보자. 거기에는 광활함이 있다. 추상적이기에 수용의 폭이 넓다.

역易의 사상도 개인의 길흉화복 알아보는 수준에서 국민을 따뜻하고 국가를 꼿꼿하게 만드는 데 기여해야 한다.

멀리 보고 가면 길을 잃지 않는다. 다만, 도道나 교敎는 이정표와 랜드마크를 제시해야 한다.

2부

부드러움과 강함

가족끼리 필요한 것들

부부 사이의 호칭은 가가호호 다르다.

그 중 가장 흔히 쓰는 당신의 한자어는 당신當身이다. 이때 當은 '딱 맞는다' 는 뜻이다. 부부 사이에 當身이란 말을 사용한다는 것은 "당신은 나에게 딱 맞는 분이오."라는 뜻이 된다. 여기에 맞추어 부르는 '여보' 라는 한자어는 여보如寶이다. 여보는 당신이라고 부르는 여인을 "보석과 같소!' 라고 맞장구 치는 호칭이다.

그런데 요즈음 부쩍 늘어난 이혼의 원인은 무엇일까?

이혼의 원인은 물론 사람들마다 여러 가지 이유가 있겠지만 그 원인을 한마디로 말한다면 결혼이다. 잘못된 결혼이 원인인 것이다. 잘못된 결혼의 원인은 배우자에 대한 어설픈 선택, 상호 이해 부족, 자기동화라고 볼 수 있다.

여기서 자기동화란 상대방을 자기 방식으로 이해하여 결혼 생활의 미래까지 자기 멋대로 어설프게 상상해버리는 것을 말한다. 잘못된 결혼은 한마디로 부부가 교도소에 동반 입소하는 것과 같다. 하루는 남편이 간수, 하루는 아내가 간수가 되고 만다.

어떤 식으로 결혼을 했든, 어떻게 자식을 낳았든 가족끼리는 서로 같아지려는 마음과 노력이 필요하다. 이러한 자세와 태도에 대하여 공자는 가정에서는 서恕가 필요하다고 했다.

恕는 같을 如와 마음 心으로 이루어진 한자로 용서할 '서'로 읽는다. 용서容恕를 좀더 구체적으로 살펴보면 容(얼굴)부터, 즉, 가족끼리는 표정부터 같아야 된다는 말이다.

가족이 고통을 당하면 같이 고통스러운 표정을 짓고 말 할 때 소통이 된다. 소통은 이해와 공감을 통해서 이루어지기 때문이다.

같은 표정, 같은 마음으로 가정의 화목을 이루라는 2,500년 전의 옛 성현의 말은 오늘 날에도 깊이 와 닿는다.

동트는 새벽은 춥다

　아이들을 잘 키우겠다는 것은 평범한 소망이기도 하지만 가만히 보면 욕심이기도 하다.

　아이는 부모가 보여주는 대로 크는 법인데 자기 수준에서 '훌륭한 아이'의 샘플을 만들어 놓고 여러 가지 방법을 동원하여 잘 키우려는 것은 인과법因果法에 벗어나는 모순이 아닐 수 없다.

　아이를 잘 키우기 위해서 부모는 자녀에 대한 대한 확신을 가지고 무조건 신뢰를 보내야 한다. 특히, 가시적인 신뢰의 표현이 필요하다. 사랑도 기술이기 때문이다. 이렇게 성장한 아이들은 강이 바람에 의해서 물길을 바꾸지 않는 것처럼 세상 풍파나 유혹에 흔들리지 않게 되는 것이다.

부모가 자식으로부터 독립되지 못하면 그 자식은 독립적이 될 수 없다. 부모의 집착과 전전긍긍은 자식이 이가 빠질 때까지 이유식만 먹이는 꼴이 되고 만다.

얼마 전 모처럼 양식당에 갔다. 양식당의 음식 값은 테이블을 보면 안다. 테이블에 천이 깔리면 음식값이 좀 비싸고 종이로 덮어지면 가격이 좀 저렴해 진다. 종이로 테이블이 덮어진 식당이었다.

식당의 냅킨에서 우연한 글귀 하나를 발견했다. La bonne cuisine est honnête, sincère et simple. 지배인이 번역을 해주었다. 그는 "좋은 요리에는 반드시 진선미가 있다."라고 했다. 그가 설명을 계속한다. "진품 재료로 최선을 다해 조리를 했을 때 가장 산뜻한 요리가 된다는 말입니다."

사람 교육도 역시 진실과 최선을 다 해야 아이는 아름답게 성장한다. 眞과 善이 전제가 될 때 美를 이룬다. 아름다움을 나타내는 美는 무리를 나타내는 양羊자에 큰 대大로 구성되어 있다. 아이는 무리 속에서 크고, 무리로부터 인정받아야 한다.

교육은 아이에 의해서가 아니라 부모 자신의 진실된 사고에 의해서 최선을 다할 때 이루어진다. 부모는 자식이 부모가 원하는 방향으로 가지 못하고 지체를 하더라도 조급함을 들켜서는 안 된다.

동트는 새벽은 좀 춥기 마련이다.

내 것을 도둑질하는 나

결혼하고 나면 괜히 부모님이 더 늙어 보이시는 것을 느꼈을 것이다.

평소 무덤덤하게 지내던 형제들도 더 애틋하게 느껴진다. 이때 부모님께 뭔가를 해드리고 싶은 생각이 드는 데 뭔가 막히는 느낌이 드는 수가 있다. 배우자가 어떻게 생각할까 신경이 쓰이는 것이다. 이 때 딜레마에 빠진다. 이리 저리 재다 배우자 몰래 부모님께 용돈을 드리게 된다.

이 경우 짓게 되는 죄는 세 가지나 된다. 자신의 것을 도둑질했고, 배우자를 속였고, 부모님으로 하여금 장물을 취득하게 한 것이다. 배우자가 도둑질을 하게 하지 않도록 해야 한다. 아내를 그리고 남편을 절도범으로 만들지 말자.

그러기 위해서는 상대방의 부모님에게 먼저 선물도 해보고 용돈도 드려보아야 한다. 가끔은 아이들에게도 넉넉한 용돈을 주어보아야 돈 쓸 줄도 알고 아끼는 연습도 하게 된다.

보통 나이 마흔 다섯이 되면 노안이 온다. 개인차가 조금 있을 수 있지만 쉰이 되면 거의 예외가 없다. 나이 마흔 다섯이 되면 거짓말이나 스트레스로부터 벗어나서 품위 있게 살아야 한다. 사람 나이 마흔 다섯, +15살이면 예순, -15살이면 서른. 올 시간의 속도는 간 시간의 속도보다 빠르다. 짧은 인생 제대로 살아야 한다.

거짓말하고 도둑질하면 표정과 모습에 비굴함과 뻔뻔함이 흐른다. 생각해 보자. 내가 가까운 사람인 남편과 아내를 비굴하고 뻔뻔한 사람으로 만들고 있지는 않은지?

가장 가까운 사람을 속이는 가정의 자녀는 사회에 나가서도 비밀을 많이 담고 살게 된다. 바람직하지 않다.

아이들에게 필요한 사랑

 아이들 교육은 엄해야 한다고 주장하는 분은 "애들 예뻐해 봐야 나중에 코 묻은 밥 먹는다. 엄하게 다루어야 나중에 효도한다."라고 하고, 다른 주장은 "아이들 교육은 오로지 사랑과 대화로 키울 때만이 성공한다."라고 한다. 두 주장은 사랑의 차이라기 보다는 교육 스타일의 차이로 볼 수 있다.

 자식을 얼마나 사랑해 주어야 하는가? 누구라도 선뜻 "이것이 답이다."라고 말하기는 쉽지 않을 것이다.

 옛 사람들의 답은 "지독지애舐犢之愛를 다하라."라고 하였다. 그게 무슨 말인가? 생소한 표현이지만 뜻이 하도 애절하여 소개한다. 핥을 지, 송아지 독, 갈 지, 사랑 애.

지독지애의 첫 번째 한자인 지(舐)는 혀(舌)로 자식(氏)을 핥는 형상이다. 어미 소가 송아지를 핥아 준다는 말이 된다. 다음 자인 독(犢)은 흔히 송아지 독이라고 하나, 자세히 보면 소(牛)가 팔려가는(賣)것을 형상화 하였다. 굳이 해석하자면 어미 소가 내일 팔려가는 송아지를 안타깝게 여겨 핥아 주듯 사랑하라는 뜻이다. 놀라운 비유가 아닌가?

사랑을 받지 못하고 통제 속에서 성장한 아이는 'NOS'의 삶을 살게 된다. 한마디로 저항의 '끈기'가 없어 No도 Yes도 아닌 즉흥적 삶을 살게 되는 것이다. '싫어!' 했다가 '알았어! 알았어!' 하며 대충 넘어가는 식으로 살게 된다.

이렇게 자란 아이들은 불의나 부정에 마땅히 대항하지 못한다. 과거나 미래를 생각하여 행동하지 않고 'Just now'에 맞춰 생각하고 행동해 버린다. 어려서부터 괴로운 현실과 타협해버린 습성 때문에 커서도 안주할 수 있는 '마음의 집'을 찾지 못한체 정신적 노숙자가 되고 마는 것이다.

욕구가 좌절된 아이들에게는 모든 것을 왜곡해서 해석하는 습관이 생긴다. 본인의 앞길에 많은 바리케이드가 있을 것이라고 미리 생각해 버리고 만다. 어려서부터 엄마라는 바리케이드, 아빠라는 바리케이드가 존재했기 때문이다.

엄마가 순수하게 "I love you!"를 말해도 "너 공부 좀 해!'로 듣는 것이다. 아이들 마음속의 '바리케이드'를 최대한 빨리 철거하는 것이 '점수 몇 점 더 맞는 것' 보다 중요하지 않을까?

'성문실화 앙급지어城門失火 殃及池魚'란 말이 있다. 얼핏 보아도 어렵게 보이지 않는 말이니 해석해보자! "성문에 불이 나면 주변 연못의 물고기에 재앙이 미친다."는 뜻이다. 부모가 말다툼을 하거나 싸우는 경우 아이들은 불안에 떤다. 마음이 오그라들어 어쩔 줄 몰라 한다.

부부의 말다툼은 각자의 진리를 말할 때 생긴다. 어른들이 진리게임을 벌이는 동안 희생되는 것이 아이들의 평화다. 가정에서는 진리보다 평화가 우선이 되어야 하는 이유는 아이들의 영적 심적 안정 때문이다.

말다툼을 하고 싶어서 하는 사람이야 없겠지만 말대꾸만은 피해야 한다. 말대꾸를 영어로도 '상처를 되돌려 준다'는 의미로 Retort라고 하는 것을 보면 동서양의 감정은 같다. 말 다툼은 꼭 자기가 마지막 결론을 내기 위한 몸부림이지만 승패는 없다. 대신 주변의 어린 양들이 희생된다.

아이들이 이 때 당한 마음의 상처가 후일 트라우마로 남아 별일 아닌 것에도 불안과 공포를 보이고 공격성을 띠게 된다.

때로는 말을 더듬거나 같은 내용의 말을 되풀이하는 습관을 갖기도 한다. 조심해야 한다. 그리고 잘 생각해 보아야 한다. 무엇이 중요한지를!

  가시 돋힌 말대꾸 대신 울림 있는 맞장구를 쳐보자. 주변에 변화가 일어날 것이다.

아이들을 보는 법

사람의 명칭은 시간에 따라 달라진다.

자식이 부모가 되고 부모가 또 조부모가 된다. 부모가 자식을 사랑하는 것도 시간대별로 다르게 하는 것이 옳다. 시기별로 진정한 사랑의 방식이 따로 있는 것이다.

사춘기 이전, 즉 14세 이전에는 극진히, 각별하게, 최선을 다해 보살피는 것이 중요하고, 사춘기에서 성인까지 즉 15세에서 20세까지는 그냥 꾸준히 지켜보는 사랑이 필요하다. 그러다가 SOS가 오면 제대로 도와주는 사랑이 필요하다. 이어서 성인이 된 20세 이후에는 철저히 떼어내는 것이 사랑이 된다.

  부모가 자식을 교육할 때는 현미경적 관찰과 망원경적 비전을 동시에 제시해야 한다. 현미경으로만 자식을 보면 언제나 불안하고 전전긍긍하다 잔소리만 하게 된다. 이 경우 자식은 마음이 좁아지고 강박증에 빠져 제대로 기량을 발휘할 수 없게 된다.

  반면, 망원경으로만 자식을 바라보면 현실을 모르고 방황을 하는 수가 생긴다. 부모가 큰 그릇과 위대한 인물이 되기를 계속 고집하면 아이는 부모의 희망과 자신의 현실 사이에 있는 갭을 제대로 소화하지 못해 헛배가 부르고 가스가 찬다. 감당을 못하는 수가 생기는 것이다.

  부모의 역할을 나누어 한 사람은 현미경, 다른 한 사람은 망원경의 역할을 하는 것이 바람직하다. 현미경으로 본 것과 망원경으로 본 내용을 같이 이야기해보면 자식교육에 대한 판단과 균형이 생기게 된다.

아이들이 원하는 것

학교생활을 마친 지 한참 되어서도 숙제를 못해 쩔쩔 매는 꿈을 꾸다 깨는 일이 있다. 어떤 날은 누군가로부터 괴로움을 당하는 꿈도 꾼다. 다 학교와 관련된 꿈들이다.

돌이켜 보면 아이들은 학교라는 시스템에서 적지 않은 스트레스를 받는다. 성적문제는 물론 선생님을 포함한 주위 친구들과의 인간관계에도 문제가 있을 수 있다. 특히, 누군가가 자신에게 적대적이거나 괴로움을 줄 때, 자신이 무력하다고 느낄 때, 현재의 상태가 여간해서는 개선되지 않을 것이라고 생각될 때, 자신의 어려움을 호소할 데가 없다고 생각될 때,

자존심이 한없이 밟혀졌다고 생각될 때, 아이들은 반응을 보이지 않는 경우가 의외로 많다.

이미 자존심이 무너질 대로 무너지고 주눅이 든 아이는 부모에게 자신의 처지를 호소할 엄두를 못 내거나 말을 하더라도 겨우 "학교 다니기 힘들어요."라고 말하든지 아니면 다른 곳에 화풀이를 하고 말수를 줄여 버린다. 경우에 따라서는 담배를 피워 보기도 하고 태권도 도장에 가고 싶다는 말을 하기도 한다.

이 경우 나무라면 안 된다. "학교 다니기 힘들다."는 말은 "죽고 싶어요." 또는 "죽지 못해 살고 있어요."라는 뜻으로 해석해야 되는데 "그게 힘들긴 뭐가 힘들어. 다른 애들은 그럼 어떻게 학교 다니냐? 아빠 때도 다 그랬어. 여러 친구들과 잘 사귀는 것도 너의 능력이야!'라고 말한다면 아이들은 말이 안 통한다고 느끼고 다시 깊은 침묵 모드로 들어가버린다.

아이들은 부모에게 말해봤자 별 소용없다고 생각하거나 자칫 말이 잘못 전달되어 부작용이 나거나 보복을 당하는 경우까지 고려한다. 아이들이 말을 못할 때는 그 나름대로 자존심도 있고 걱정이 되어서 그러는 것이다.

자존심이 상하지 않도록 아주 조심스럽게 이야기를 나누어야 하는데 중요한 것은 대화를 할 때 진지하게 들어야 한다는 점이다.

무성의하게 듣거나 말을 자르거나 중간에 전화를 받는 등의 행동은 아이로 하여금 "어렵게 말을 꺼냈더니 이럴 수가?" 하는 배신감과 깊은 좌절감을 느끼게 한다. 그냥 듣지(Hear)말고 경청(Listen)을 해야 한다.

경청으로 고기잡이를 하는 사람들도 있다. 여름에 먹는 민어民魚라는 생선을 기억할 것이다. 민어는 주로 전라남도 신안 앞바다에서 잡힌다. 민어는 떼를 이루어 다니면서 개구리처럼 소리를 낸다. 이 개구리 소리를 빗대어 영어로 민어를 'Croaker' 라고 부르기도 한다. 얼마 전까지 민어를 잡을 때는 민어 우는 소리를 듣기 위해 속이 뚫린 긴 대나무를 물속에 집어 넣어 민어 떼의 위치를 찾아 그물을 던졌다.

긴 대나무를 뚫기 위해서는 불에 달군 쇠막대를 한쪽에서 대나무 속에 집어 넣어 뚫고, 또 다른 한쪽에서도 뚫어야 속이 제대로 뚫리게 된다. 그렇게 해서 속이 완전히 뚫리게 되면 한쪽에서 나는 조그만 소리까지 들리게 된다. 아이들과의 소통 또한 마찬가지다. 한 매듭에만 막힘이 있어도 소통이 되지 않는다. 막힘을 뚫기 위해서는 부모가 쌍방향에서 같이 노력해야 한다.

부모는 자기 자식들이 자신들에게 거의 모든 것을 다 말하고, 자신들은 아이들의 모든 사정을 이미 다 알고 있다는 착각을 한다. 아이가 뭔가 조금만 말해도 낌새를 채고 의미와 상황을 파악해야 된다. 갓난아이가 우는 이유도 여러 가지가 있다. 운다고 젖병만 물리는 식으로는 해결이 안 된다.

이 기회에 '왕따' 문제도 좀 언급하고 가자. 다른 아이를 괴롭히는 아이들의 행위는 어쩌면 인간의 본질이 사악해서 그렇다고 '성악설' 적으로 속단하기도 한다. 이런 시각에서는 성급하게 아이의 부모와 학교를 원망하기도 한다.

남을 괴롭히는 아이들은 주로 자신을 내세우고는 싶은 욕구는 있지만 사정이 여의치 않은 아이들이다. 어린 마음에 남모를 상처를 받은 영혼들이다. 이런 아이들이 만만하고 낮은 위치에 있는 아이를 골라서 심술을 부리는 것이다. 이런 아이들은 가족들과 선생님들의 관심 속에 인정과 칭찬을 받는다면 치유될 수 있다.

어른들의 직장생활도 마찬가지라는 것을 알고 있지 않는가? 다소 무능하게 보이고 힘없어 보이던 사람도 인정을 받으면 얼굴에 화색이 돌고 눈이 반짝이게 된다. 감수성이 예민한 어린 아이들이 칭찬을 들으면 그 날 밤 아름다운 하늘을 나는 꿈을 꾼다.

"내가 초등학교 때 선생님이 '너는 착한 놈이다.' 하고 머리 한 번만 쏟아주었다면 여기까지 안 왔을 것이다. 5학년 때 선생님이 '이 새끼야, 돈 안 가져 왔는데 뭐하러 학교 와. 빨리 꺼져! 하고 소리쳤는데 그때부터 내 마음속에 악마가 생겼다." 이 말은 어느 탈옥범이 옥중에서 한 말이다. 잘해도 칭찬, 좀 못하더라도 교양 있는 말로 따뜻하게 칭찬하는 것은 우리의 후세를 거두는 인성함양사업이다.

청춘만 아픈 것이 아니다. 아이도, 중년도, 노인도 아프지만 아이들의 아픔은 오래간다. '보고 싶다', '사랑한다', '자랑스럽다'는 아이들에게 아무리 자주 써도 지나침이 없는 말들이다. *석원아 보고 싶구나. 지원아 사랑한다. 너희가 자랑스럽구나.*

아이들이 원하지 않는 것

"우리나라 학생들이 열심히 공부하니 조만간 노벨상 수상자가 여럿 나올 것"이라는 낙관과 "어려울 걸? 아이들이 창의적 교육을 받지 못해서"라는 말을 들으면 어느 쪽 말에 공감이 가는가?

어려운 여건에서 자식들 공부시키는 부모들이 주입식 입시 교육을 강요했기 때문에 창의력이 떨어져서 노벨상이 안 나왔다고 단정할 수는 없다.

현실적으로 아이들 교육에 생각보다 많은 공과 돈이 들어

간다. 신혼 부부들도 아이 낳는 것에 지레 겁을 먹는다. 아이들을 키우는 비용을 우리보다 먼저 따져 본 서구인들은 "아이들은 열등재이다. Children are inferior goods."라는 말을 한다. 좀 심한 말처럼 들리지만 틀렸다고 말하기도 어렵다.

부모들이 흔히 "공부해서 남 주냐?"라고 하지만 실은 공부를 잘해서 자신들의 고생을 보상해 주기를 바라는 심리도 암암리에 깔려 있는 것이 사실이다. 노후에 자식으로부터 효도를 받는 것은 관습으로 내려 온 보장성 보험이다.

이래저래 부모는 자식에게 애정과 집착을 보내게 된다. 자식이 한참 커서도 적당량을 초과한 애정과 집착이 잔소리를 하게 만든다. 이 잔소리가 자식 교육에는 치명적이다. 부모의 집착에서 출발한 잔소리는 자식의 독립을 막고 심리적으로 자식을 '식민지 백성'이 되게 한다.

그래서 옛사람들은 잔소리의 해독을 일깨우고자 잔소리를 하여 사람을 약하게 한다는 의미의 잔(孱)자를 만들었다. 한자가 상형문자이니 글자의 생김새를 좀 더 살펴보자. 사람 시체 밑에 자식 셋이 있는 형상이다. 확대해석을 하면 잔소리는 모두를 죽음으로 몰아 넣는다는 뜻이 된다.

자식들이 싫어하는 잔소리를 왜 하게 될까? 안심이 안되기 때문일 것이다. 그러면 왜 안심이 안 되는 것일까?

잔소리가 많은 사람은 저변에 불안 심리가 깔려 있다. 예를 들면, 어릴 때 심한 부부싸움으로 엄마가 자신을 버리고 떠날까 늘 전전긍긍 했던 격리불안, 자신의 현재 위치에 대한 불안, 현재 시점에서 늘 미래를 생각하는 습관, 나이가 들면서 여성 호르몬인 에스트로겐의 분비가 늘어난 경우를 꼽을 수 있을 것이다. 물론 이외에도 이유는 더 있다.

잔소리의 부정적인 힘은 생각보다 세다. 우선 잔소리는 중독성이 강하다. 안 하려고 결심도 하고 노력을 해도 자기도 모르게 나오게 된다. 듣는 사람은 "혹시 했더니 역시야. 왜 안 하나 했어."라고 생각하고 마음속에 은연 중 'Do' 보다는 'Do not'의 의식구조가 지배하게 된다. 한마디로 잔소리를 많이 들은 사람은 창의적인 인재가 되지 못한다. 잔소리의 최대 폐해는 듣는 사람을 나중에 잔소리꾼으로 만든다는 점이다.

잔소리를 많이 듣게 되면 현재와 현실이 불행으로 입력되고, 공부와 생활은 괴로움이 된다. 초등학생은 중학교 공부를 의식해야 되고, 중학생은 고등학교 공부를, 고등학생은 대학교 입시를, 대학생은 취업을, 취업한 사람은 좋은 결혼을 하라는 말을 끝없이 듣게 된다. 한마디로 아이들이 지치는 인생을 살게 되는 것이다.

아이들 앞에는 '말 못할 벽'이 많다. 부모가 계단이 되어주어야 하는데 부모가 더 큰 벽이 되어 떡 하니 버티고 답만 주려고 하니 답답할 노릇 아니겠는가?

아이들을 키우다 보면 아이들이 짬짬이 게임도 하고 게임을 하다 보면 '중독'에 빠질 수 있다. 낙이 없는 삶 속에서 불안을 느끼기 때문일 것이다. 아이들은 스트레스가 많은 생활 속에서 자칫 생활의 규칙성을 잃고 감정조절 능력이 떨어지기도 한다. 그러다 보면 말과 행동을 격하게 하기도 하고 안 하던 욕을 하기도 한다.

아이들 방문을 노크하지 않고 열었다고 면박 당한 부모도 많을 것이다. 놀랄 것 없다. 이럴 때는 타이름이나 잔소리 대신 그냥 따뜻한 차 한잔 놓고 나와 보라. 아이들과 외로움을 나누어 보자.

우리나라의 가정교육은 언제부턴가 '진학교육'으로 전락하였다. 집이 사람이 사는 가家(Home)가 아니라 동물이 사는 사舍(House)로 되어가고 있다는 말이다.

가정은 둥지 수준을 넘어서 보금자리여야 하고, '불침번'이 없는 편안한 잠자리가 되어야 한다. 아이들을 잔소리 없는 세상에서 마음껏 숨쉬게 하고 생각하게 하자. 창의력이든 뭐든 그때 나온다.

찰칵 찰칵

 요즈음 웬만한 사진은 휴대폰으로 찍기도 하지만 제대로 된 사진은 카메라로 찍어야 제격이다. 카메라를 자세히 보면 셔터 스피드를 의미하는 'S'라고 쓰여진 기호가 보인다. 보통 '찰각 한다'고 하는 셔터 스피드는 1/125, 1/250, 1/500초 등으로 구분된다.

 원래 '찰각'은 짧은 시간 단위를 나타내는 찰나刹那와 시간의 조각을 나타내는 각刻이 합쳐 만들어진 것으로 짐작된다.

 우리는 살면서 매순간 많은 상像을 찍어 담아 두고 산다. 살면서 매 순간 찰각 찰각 눈으로 찍는 사진들이 마음에 저장되어 나의 인생을 이루는 상이 된다면 기왕이면 좋은 사진과 그림을 담아 두어야 한다. 머릿속에 좋은 영상이 많이 입력되면 눈빛, 말투, 표정과 행실이 달라지고 좋은 생각을 하게 된다.

아이들의 머릿속에 좋은 영상을 남겨주려고 노력하지만 뜻대로 되지 않는 경우가 많다. 아이들을 자극하고 동기부여하는 방식에 문제가 있기 때문이다. 우리는 가끔 아이들에게 동기부여를 하기 위해 '내가 니 나이 때'로 시작하는 서사시의 서문을 읊조리게 된다. 아이들의 현재 눈높이로 말해야 하는데 과거의 장엄한 진실과 진리로 말하려고 하기 때문이다. 이 때 아이들은 '오르지 못할 산'을 느끼게 되고 만다.

사실 부모 입장에서 보면 아이들에게 뭔가 동기부여를 하려고 말을 하는 것이지만 따지고 보면 동기부여란 결과 값이다. 아이들이 칭찬을 들으면 희망이 생기고, 희망의 조각들이 모여서 작은 즐거움이 될 때 꿈을 갖게 되는 것이다. 아이가 꿈을 가지면 무엇인가를 시도하려는 마음을 품게 되는 것이다. 이 때, 아이들에게는 자유와 재량이 필요하다. 시도하려는 아이의 시행착오나 실수는 책망의 대상이 될 수 없다.

이후 필요한 것은 남을 통해서 나를 이루는 어울림과 리더십이다. 수많은 리더십 책이 있지만 사실 리더십은 이미 어려서부터 생긴다. 오늘날의 리더십의 요체는 팀워크다. 팀워크는 배려와 나눔을 통해서 길러진다. 배려Care와 나눔Share의 도를 터득한 자가 군자이고 리더이다.

부드러움과 강함

레이건이 백화점 취직에 실패하자 그의 어머니는 이런 말을 했다고 한다.

"오늘 취직에 실패한 것은 너의 인생에 더 좋은 일이 있을 조짐이다."

어머니의 이 한마디는 아들이 평생을 희망 속에서 살게 한 'One point lesson'이 되었다.
대통령 후보가 된 레이건은 낙천적 인상과 부드러운 이미지로 언제나 진지한 표정이었던 상대 후보 카터보다 더 많은 모금을 할 수 있었다. "좋은 일이 있을 조짐이다."라는 어머니의 생각과 말은 아들의 성격 형성에도 도움을 주었던 것이다. 자식 농사에는 말이 생각을 도와주어야 효과가 난다.

'농사를 짓는다'고 할 때 농農자는 부드러울 곡曲자와 용龍을 의미하는 진辰자로 이루어졌다. 용이 부드러운 곡선을 그리며 승천하는 모습이 연상된다.

農은 부드러움으로 생산성을 향상시키고 북돋우라는 뜻으로 풀이 된다. 그럴 때 풍년이 든다. 풍년豊年의 豊자도 부드러울 曲자와 콩과 머리를 뜻하는 豆자의 합자이다. 머리가 부드러워야 즉, 생각이 유연해야 성공한다는 뜻이다.

자다가 구급차의 시끄러운 사이렌 소리에 "에이 씨."라고 짜증내는 것보다 빨리 구급차가 목적지에 도착하기를 바라는 심성을 갖도록 하는 것이 교육의 출발점이다. 우리의 심성과 환경은 우리의 행동을 만든다.

아이가 운다고 젖병을 물리고 어르다가 정 안되면 궁둥이를 때리는 행동으로는 아이의 부드러운 심성이 생길 수 없다. 아이가 알게 모르게 불편한 환경에 있는지도 들여다 보아야 한다. 기저귀 속에 살을 찌르는 것이 있는지도 살펴보아야 한다. 부드러움 속에서 자란 아이가 이해와 연민의 폭도 크다.

그렇게 큰 아이가 진정으로 강한 아이가 된다.

일가견—家見

한 집안 식구들끼리도 의견과 취향이 제각각이다. TV프로도 보고 싶은 내용이 달라 서로 심사가 상하기도 한다.

가장이나 리더는 한 집안의 식구라는 일체감을 만들 수 있는 능력이 있어야 한다. 한 집안 식구들이 갖는 일체감을 일가견—家見이라고 한다.

리더는 구성원의 말을 들어줌으로써 이해하고, 예를 들어 설득하고, 그래도 부족하다면 기다려주고 대화함으로써 조직에 대한 일가견을 가질 수 있다.

다양한 의견을 수용할 수 있는 능력, 모두를 조화롭게 하나의 견해와 욕구로 만들어 내는 능력이 있다면 "그 분야에 일가견 있다."라고 말할 수 있다.

가장이나 리더에게 일가견이 있다면 높은 수준의 가족 문화와 조직 문화가 있다고 보아도 무방하다.

그러면 어떻게 일가견을 가질 수 있을까? 세 가지 마인드 세트가 구비되어야 한다.

조직이나 가정의 구성원에게 애정을 쏟고, 관심을 기울이고, 존중해 주어야 한다. 애정을 쏟기 위해서는 무엇을 해야 할까? 그것은 상대방의 행동과 말을 먼저 수용해야 한다. 어설프고 부족하더라도 수용해야 한다. 그래야 자신이 애정을 받고 있다고 생각할 것 아닌가?

세종대왕이 사용한 방식이 있다. 세종실록에 의하면 세종은 "누구나 한 가지는 잘하는 것이 있다.大抵人有一能"고 언급하고 집현전의 학자들에 애정과 격려를 보내고 채근을 했다.

관심을 지속적으로 보여주기 위해서는 상대방의 별 것 아닌 행동이나 성과에도 칭찬을 아끼지 말아야 한다. 사람들은 언제나 관심을 끌고 칭찬받기를 원하기 때문에 상대방의 장점을 미리 찾아 칭찬하는 것은 아주 좋은 방법이다.

데일 카네기는 "남자에게는 그 사람과 가까운 사람에게 말해서 칭찬이 들어가도록 하고 여자에게는 면전에서 바로 칭찬하라."라는 좋은 팁을 주었다. 효과가 있는지 한번 사용해 보라.

다음은 구성원을 어떻게 존중해 주느냐 즉, 어떻게 하면 자신이 존중 받고 있다고 느끼게 하느냐이다. 그것은 상대방의 조그만 행동이나 성과에도 감사를 표시하는 것이다. 과거 김대중 전 대통령은 상대방에 대한 존중의 표현을 이렇게 했다고 한다. "참 고맙소. 아무개 동지가 없었다면 우리가 어떻게 이러한 성과를 냈겠소?"

어느 택시기사님이 들려주신 이야기이다. "과거 자가용을 운전하던 시절 저녁 값을 넉넉히 쥐어 주던 사장님, 외국 출장을 자주 다니시던 사장님보다 운전할 줄 모르는 사장님을 모실 때가 가장 좋았었다." 사람은 인정 받는 맛으로 산다.

알아주는 사람을 위해서 목숨을 바친다는 말도 있다. 사람의 욕구는 소박하다. 남을 이기고 싶은 생각까지는 없더라도 자기만의 노하우를 가지고 싶어한다. 그것을 인정해야 한다.

애정의 표현은 언제 무슨 말로 해야 효과적일지 생각해 보아야 한다. 감사의 표현은 어떻게 해야 상대가 존중 받고 있다고 생각할 것인가? 사지사지思之思之(Think and Rethink)해 보아야 한다.

대화對話는 상대방을 인정하고부터 시작해야 한다. 그래야 상대방을 설득할 수 있다. 인정하지 않고 그냥 말하면 회화會話가 된다. 통화通話 역시 이쪽의 생각을 저쪽에 전하는 행위이다. 굳이 더 말하자면 면화面話도 있다. 얼굴로 하는 대화다. 가족끼리 TV를 보다 엄마가 아이에게 이제 공부하라고 찌푸리는 것이 면화에 해당된다.

짐승들이 하는 수화獸話도 있을 수 있다. 이쪽 산에 있는 늑대가 '우~' 하고 울면 산 너머에 있는 늑대도 '우어~' 하고 반응을 보내는 것이다. 이런 수화를 하는 가정도 드물게 있다. "밥 먹었어?" 라는 짧은 질문을 하는 부모와 "응." 하고 문 닫고 들어가서 나오지 않는 자녀가 수화를 사용하는 경우라 볼 수 있다.

대화의 목적이 소통과 설득이라면 깊이 생각해서 말해야 한다. 대화는 서로의 생각과 배려의 깊이와 폭을 감지하는 과정이기 때문이다. 그렇게 소통을 해야 상하동욕上下同欲에 대한 一家見이 생긴다.

다시 한번 깊이 생각해서 말해야 일가견을 가질 수 있다.

시간의 의미

원하는 것을 기다리는 시간은 더디 오고, 가지 말아야 할 세월은 빨리도 간다.

고대 그리스 사람들은 시간을 두 종류로 보았다. 하나는 크로노스Chronos의 시간으로 1시, 2시, 3시 그리고 1개월, 2개월, 3개월 등으로 카운트할 수 있는 시간이고, 다른 하나는 카이로스Kairos의 시간으로 '의미'를 갖는 시간을 말한다.

피카소가 젊은 시절 파리의 한 카페에서 부유한 여인으로부터 초상화 데셍을 그려 달라는 부탁을 받았다. 피카소는 단 2분만에 그림을 그려주고 50만 프랑을 요구했다. 요즈음 시세로 5억원쯤으로 짐작된다.

터무니없는 금액이라고 생각하고 깜짝 놀라는 여인에게 피카소가 정중히 말했다. "제가 2분간의 그림을 완성하기 위해 지난 40년간 찢어낸 종이와 시간의 값어치는 50만 프랑보다 높습니다." 피카소가 초상화 데생을 위해 쓴 2분이 여인에게는 크로노스의 시간이었고 피카소에게는 카이로스의 시간이었던 셈이었다.

투자의 귀재로 알려진 버핏과 나눈 두 시간의 식사는 2백만 불의 경매에 낙찰되었는데, 같이 식사를 한 유통업체 경영자는 식사 결과에 대단히 만족했다고 한다. 물론 식사를 경매에 붙이는 것이 남의 나라 풍습이라 뭐라고 말할 수는 없지만 힘든 노동도 아니고 단지 두 시간 동안 식사를 해주고 2백만 불을 받았다는 것 역시 카이로스 시간의 예다.

대나무는 땅 속에서 5년 동안 뿌리를 사방 팔방으로 촘촘히 뻗지만 그 기간 동안 땅 위에는 아무것도 나오지 않는다. 그 시간이 지나고 나면 땅 위로 죽순이 나오게 되는데 그 후 죽순은 하루 5센티미터씩 자라 불과 6주만에 3미터 이상 솟는다. 뿌리가 깊이 박힌 대나무는 나중에 여간 강한 바람이 불어도 넘어지지 않는다.

현대인은 가끔 가시적 효과나 성과를 올리고자 조급증을

부린다. 카이로스 시간의 의미를 깨닫지 못하고 사는 것이다.

독일 프로 축구 함부르크에 20세를 갓 넘어 활약한 손흥민은 10세 때부터 축구를 시작하여 6년간 일체의 시합에 출전하지 않고 공 다루는 연습만 했다고 한다. 그가 18세에 기록한 골은 함부르크 창단 123년만의 최연소 골이었다. 과거 선수로 성공하지는 못했지만 기본기의 중요성을 절감한 아버지의 지도 덕분이다.

반 페미니스트적으로 들릴지 모르겠으나 대처 전 영국 수상은 "가정도 챙기지 못하면서 정치를 잘 할 수는 없다."라고 했다고 한다. 근면한 시간을 보낸 자는 매사를 소홀히 하지 않는다.

시간의 의미를 알기 때문이다.

불혹과 나이 사십

얼마 전 '1만 시간의 법칙'이라는 말이 소개되었다. 한 분야에 1만 시간을 투입하면 누구나 알아주는 전문가 수준에 이른다는 뜻이다.

하지만 공자는 2500년 전에 '1만 시간의 법칙'을 이미 잘 알고 있었던 것 같다.

'15세에 입지立志, 30세에 이립而立, 40세에 불혹不惑, 50세에 지천명知天命, 60세에 이순耳順'이라고 나이별로 시간의 의미를 나누어 설명했다.

공자는 입지 즉, 뜻을 세우는데 15년 정도는 걸린다고 보았다. 이 기간 동안 공부와 교육, 그리고 자극에 따라 세우는 뜻의 질이 달라진다고 본 것이다.

이립而立은 뜻을 세운 입지의 시점에서 15년 정도는 노력을 해야 나아갈 방향과 모습이 결정되고, 이 시점에서 다시 10년 정도는 정진을 해야 비로소 의혹이 없어진다고 보았다. 이 때가 나름대로의 전문성이 형성되는 시기이기 때문이다.

공자는 늘 '배움과 생각'의 중요성을 강조했다. 30이 되면 거저 이립이 되고, 40이 되면 저절로 불혹이 되는 것이 아니라 시간을 투자하여 정진해야 한다고 강조했다. 공자는 그냥 흘러가는 시간인 크로노스의 시간이 아니라 의미가 있는 카이로스 시간의 중요성을 말한 것이다.

누구나 시간이 주는 시험을 치러야 한다. 나이가 40이 되었다는 것을 40년 동안 적당히 보고 들은 것도 있고 하니 현명해져서 불혹이 된다고 막연하게 생각하면, 그는 세상에 속고 자신에게도 속게 된다.

모든 존재에는 나름의 의미가 있듯 주어진 시간에도 특별한 의미가 있다.

베이비 부머의 추억

요즈음은 어느 도시를 가나 잘 정비된 산책로들이 있다.
여의도와 분당을 잇는 양재천도 그 중 하나인데 양재천을 건너는 여러 다리 중 한 다리의 교각에 '58년 개띠 마라톤 클럽'이라고 쓴 것이 보인다. 58년 개띠라는 말에 액센트가 느껴지는 것은 아마 베이비 붐 세대 중에서도 58년에 출생한 분들이 많다는 의미로 짐작된다. 한국에서 1955년에서 1964년 사이에 출생한 사람은 무려 천만 명에 이른다.
그 무렵은 한국동란이 끝나고 휴전협정이 체결된 지 얼마

안 된 때라 어느 집이나 하루 세 끼를 다 먹는 것은 쉬운 일이 아니었다. 그래도 우리나라에서 쌀이 가장 많이 나는 벼 고을 碧骨의 땅 김제의 사정은 좀 나았지만 배곯고 추운 방에 누워 해소 기침소리를 내는 어른들이 많기는 다른 지방이나 다름이 없었다.

초등학교에 들어갈 무렵인 1964년 무렵만 하더라도 동네에는 상이군인들과 토굴을 파고 사는 나병환자들, 동냥에 의지해 사는 사람들, 우마차를 끄는 사람들, 서당에 다니는 아이들까지도 심심치 않게 보이곤 했다.

봄이 되어 아지랑이가 피어 오를 무렵에는 겨울을 넘긴 노인들이 한 두 분씩 돌아 가시곤 했는데 예순 다섯에 돌아가시면 호상好喪이라고들 하였다. 처연한 상여꾼들의 북망산 재촉 소리가 날 때면 아이들 볼에는 어김없이 허연 마른 버짐이 퍼지곤 했다.

앵두가 익고 보리타작이 끝나고 나면 장질부사라고 하던 장티푸스와 뇌염은 철 모르는 아이들의 생명을 앗아가는 여름철 유행병이었다.

그 때는 골목과 길모퉁이 으슥한 곳마다 귀신과 도깨비가 있었고 아침에 산에서 내려오는 사람은 간첩일지 모르고 '북괴'가 보낸 무장공비는 언제 또 나타날지 모르니 신고해야 한다는 포스터가 여기저기 붙어 있었던 시절이었다.

베이비 붐 세대는 불과 30년이라는 짧은 기간에 사카린 물에서 오렌지 주스까지 마시는 경제의 압축 혁명기를 목격한 세대이다. 누구나 자신의 세대는 유일하고 자신의 경험은 독특하다고 한다. 베이비 붐 세대 역시 드문 경험을 한 세대이다. 이들은 규율과 창의라는 모순을 겪어보고 소화한 세대이다.

이들의 경험담 역시 경청할 가치가 있다. 과거에 대한 깊은 이해를 바탕으로 미래를 보는 것이 통찰력이다. 시간을 내어 자신보다 앞 세대의 말을 들어보자.

파올로 스토리

스위스는 1차대전까지는 먹고 살기가 힘든 나라였다.

척박한 산악 지형에다 생산되는 곡물도 신통치 않았으니 당연히 그랬을 것이다. 네팔의 구르카 족처럼 배고픈 스위스 백성들은 각국의 용병으로 팔려나갔고, 그들의 '헝그리 스피릿'은 그들을 더욱 용맹하게 만들었다. 그들의 용맹함을 높이 산 로마 교황청은 수백 년 동안 그리고 오늘날까지 교황의 근위병을 스위스 출신으로 뽑아 오고 있다.

1차대전이 끝나고 유럽이 어느 정도 안정을 찾고 경제도 나아지자 유럽 사람들은 이웃나라 관광에 눈을 뜨게 된다. 마침 당시에 출현한 버스가 관광의 보폭을 넓혀주었다. 바로 그 시절 이야기다.

　버스 관광을 시작한 유럽 사람들에게 스위스의 만년설은 제일 먼저 보아야 할 히트상품이었다. 문제는 그 당시 버스가 고장이 잦았다는 점이다.

　어느 날 융푸라우 관광을 마친 버스가 마을 어귀에 들어 올 때였다. 운전기사는 내리막을 달리는 순간 버스 브레이크가 고장 난 것을 직감했다.

　이 운전기사의 선택은 단 두 가지! 버스 앞 저 멀리에서 손을 흔드는 꼬마를 치고 과일가게 상자더미에 부딪치든가 아니면 버스를 바위 절벽에 부딪치게 하는 것이었다. 전자의 경우는 꼬마의 생명을 희생시키는 것이고 후자는 많은 승객의 사상을 의미하는 것이었다.

　운전기사는 과연 어떤 선택을 하였을까? 그의 선택은 전자였다. 얼마 후 운전기사는 경찰서에 가서 조사를 받게 되었고 승객들은 참고인 진술을 하게 된다. 참고인으로 나온 승객들은 잠시 전 상황을 알게 되자 운전기사에게 비난을 쏟는다. 꼬마가 죽었다는 사실에 충격을 받고 그 충격은 분노로 이어졌다.

　이 때 조서를 쓰던 경찰관은 무겁게 입을 뗐다. "방금 세상을 떠난 아이는 저 운전기사 파올로의 아들입니다." 침묵이 흘렀다. 아주 무거운 침묵이 오랫동안 흘렀다.

'사적인 것을 뒤로 하고 공적인 것을 앞 세운다' 는 공선사후公先私後를 실천하는 것이 얼마나 어려운지를 설명하는 이야기다.

공선사후의 이야기에서 잠시 벗어나 우리나라 퇴계 이황의 일화를 소개한다.

퇴계가 67세 된 늘그막에 증손자를 보았다. "우리 집에 이보다 더한 경사가 없다."라며 좋아했다. 그러나 손자며느리의 젖이 부족해 증손자는 영양실조를 보였다. 손자는 마침 아이를 막 낳은 여종의 젖을 물리려는 생각을 했다.

퇴계는 "내 자식 살리려고 남의 자식을 죽일 수는 없다."라고 했다. 애지중지 하던 증손자는 결국 두 돌을 갓 넘기고 죽고 만다. "여종의 젖은 여종 딸의 것이다. 그 어미가 우리 증손자에게 젖을 먹일 때 마음이 어떻겠느냐?"라는 것이 퇴계의 생각이었다.

퇴계는 평생을 "사람은 똑같이 사랑해주어야 한다."라고 하였다. 사랑은 자기 희생이 따를 때 큰 의미를 갖는다.

3부

코리아를 넘어서

신의주 정신

우리사회에는 언제부턴가 치유, 힐링, 멘토라는 말이 넘쳐 나고 있다.

거친 현재와 불확실한 미래가 주는 불안감으로 떠는 대다수의 현대인이 부드럽고 따뜻한 위로를 받고픈 마음은 이해가 된다. 하지만 언제까지 위로의 모닥불만 쬐며 본질을 망각한 채 유행병처럼 번지는 달콤한 흐름에 몸을 맡길 것인가?

자기변화를 일으키기 위해서는 먼저 '나 자신이 변화를 일으킬 수 있다'는 확신이 서야 하고 그 확신으로 나의 행동의 방향을 결정해야 한다. 오늘은 어제가 아니다. 세계는 매일 바뀌고 우리는 달려야 한다. 나약한 정신으로는 변화를 일으킬 수 없다.

얼마 전 4顚 5起의 주인공 홍수환씨를 만났다. 홍수환씨는 먼저 "원래 내 고향은 신의주요."라는 말로 자신을 소개했다.

신의주가 어디인가?

신의주는 조선시대부터 한양의 경상京商, 개성의 송상松商과 더불어 만상灣商으로 불리던 3대 교역도시로 압록강을 사이에 두고 중국과 장사를 해 왔다. 이곳 사람들의 기질은 숲에서 호랑이가 나온다는 맹호출림猛虎出林의 고구려 기상을 받았는지 어떤 일을 맡겨 놓아도 똑 소리가 난다.

손기정 역시 신의주 출신으로 압록강변을 악착같이 달리고 달렸다. 그는 마침내 1936년 베를린 올림픽 마라톤에서 우승을 한 것이다. 야인시대의 협객 '시라소니' 이성순 역시 악착같음을 보여준 신의주 사람이다.

홍수환씨가 세계 챔피언을 두 번씩이나 할 수 있었던 것은 주먹의 힘만은 아니었기에 그의 말을 통해 신의주 사람들의 기질과 정신을 전하고자 한다.

그는 1974년 남아공의 아놀드 테일러를 누르고 밴텀급 세계챔피언에 등극한 후 다시 한번 1978년 파나마의 카라스키야를 역전 KO승으로 이기고 수퍼 밴텀급 챔피언이 된다. 당시 '뭔가 해보려는' 또는 '뭐가 잘 안 되는' 국민들에게 '하면 된다' 라는 메시지를 선사한 쾌거였다.

당시 신문에서 뽑은 제목은 '홍수환, 4顚 5起 역전 KO승'이란 표현이었다. 생각해보면, 네 번 다운 당했으니 네 번 일어난 것이 분명한데 왜 다섯 번 일어났다고 했을까? 다섯 번째 일어남은 드디어 일어났다는 극기복례克己複禮의 표현이다.

홍수환씨에게 "어떻게 무패의 상대방 선수를 이길 수 있었느냐?"고 물었다. 그는 자신의 영어실력 때문이라고 답했다. 의외의 답 같지만 허언이 아니었다. 그에 따르면 고등학교 때부터 미군부대에서 나온 권투잡지 링Ring을 읽고 영어를 공부하면서 세계 챔피언의 꿈을 꾸었다고 했다.

그는 1978년 11월 26일, 경기를 하루 앞두고 경기를 진행할 심판을 우연히 호텔 엘리베이터에서 만났다고 한다. 그가 심판에게 먼저 반갑게 인사를 하고 몇 마디의 대화를 했다.

다음날 경기에서 홍수환은 4번이나 다운을 당했는데 심판의 카운트는 느려졌고 상대 선수가 다운되자 심판의 카운트는 의외로 빠르더라는 것이 홍수환 씨의 후일담이다. 그의 말이 사실이라면 현지 도박사를 포함한 거의 모든 사람들이 상대선수가 이길 것으로 예상하는 상황에서 심판은 멀리 한국에서 온 홍수환에게 '소량의' 측은지심을 느꼈는지도 모른다.

홍수환의 행운은 어디서 나온 것일까? 평소 공부해둔 실력과 자신감에서 나온 것이다. 준비가 없는 자신감은 '깡' 일 뿐이다.

왕성한 애국심의 소유자인 홍수환씨는 우리나라의 영문 국호도 Korea에서 Corea로 바꿔야 한다고 주장한다. 그가 말하는 이유는 Corea는 Core+A로 해석되기 때문에 국운이 상승될 수 있기 때문이라는 것이다.

국운은 그냥 상승되는 것이 아니다. 신의주 사람들이 보여준 강한 확신과 끝까지 물고 늘어지는 정신으로 행동할 때 Core A가 될 수 있다.

'큰' 나라로 가는 길

대한민국은 주변 강대국과 교류와 갈등 속에서 역사를 지켜왔다.

글로벌 시대가 도래하여 통신과 교역은 활발해지고 있지만 주권과 국경의 의미는 점점 단단해지고 있다. 현실적으로 국토가 작은 나라가 큰 나라가 되는 길은 경제대국이 되는 길밖에 없다.

그러면 우리가 경제대국이 되는 길은 무엇인가? 거꾸로 우리가 경제대국으로 가는 길에 발목을 잡는 걸림돌과 함정이 있다면 그것을 제거하는 것이 해답이 될 수 있다.

우리는 매우 짧은 시간에 배고픈 과거를 극복한 성공 신화를 만들었지만 우리도 모르는 사이에 마음속에는 오만과 편견이 자리를 잡고 있다.

우리의 오만은 '한국문화가 최고'라는 편견과 더불어 타문화에 대한 배타성을 낳았다. 외국에 나가서도 매끼 한식을 고집하고 한국에 온 외국인에게도 그들의 문화에 대한 관심보다는 한국문화의 우수성을 설명하려 한다. 먹고 살 만하니 문화가 보이고 문화를 이야기하겠지만 외국인의 귀에는 시큰둥하게 들릴 수도 있다

수출 의존도가 높은 우리에게 외국에 파는 상품의 콘셉트와 디자인은 중요하다. 지나치게 한국적인 상품은 시간이 지나면서 싫증이 나게 된다. Culture-bias적인 상품에는 한계 효용체감의 법칙이 적용되는 것이다.

오만과 편견은 글로벌 사회를 사는 우리를 고립과 불통의 담장 안에 가두게 된다. 최근 한 통계에 따르면 한국의 GDP 대비 외국인 직접투자는 122위, 인구대비 이민자 숫자는 111위다. 한국은 그 동안 외국인이 생활하기에 편한 여건은 아니었지만 단일민족이라는 편견 또한 우리의 사고와 제도를 외국인이 생활하기에 더욱 어렵게 만들었다.

우리나라가 짧은 기간에 농업국가에서 산업국가로 이동하

는 과정에서 급속한 도시화, 가파른 임금상승 그리고 3D 직종 기피 등으로 농촌 노총각 문제와 노동의 수급 문제가 발생하게 되었다. 이 과정에서 많은 다문화 가정이 생겼다. 2011년 기준으로 다문화가정은 30만을 육박하고 그 수는 매년 15% 이상씩 꾸준히 증가하고 있다.

다문화가정이 안고 있는 어려움으로 언어소통과 2세 교육 문제가 지적되어 여러 대책과 프로그램이 추진되고 있지만 문제에 대한 인식과 대책이 다소 피상적이라는 생각이다.

다문화가정과 그 자녀들을 보호 대상으로 보는 정부의 시각부터 교정해야 한다. 정부는 국가의 '크기'에 대한 비전을 정확히 해야 한다. 우리는 그 동안 단일민족, 단일혈통에 대한 자부심을 교육시켜 왔지만 글로벌 시각에서 보면 소아적 小我的 사고일 뿐이다. 피는 섞여야 우생학적으로 우수하다는 말도 있다.

우리는 영토가 크고 인구가 많은 나라를 강대국이라고 하는 인식에서 과감히 벗어나야 한다. 네덜란드를 보자. 면적은 적지만 '큰' 나라다. 국민들이 여러 언어를 자유롭게 구사하고 세계를 무대로 생각하기 때문이다.

다문화가정에 의사소통의 문제가 있을 수 있지만 그것은 어디까지나 한국어 의사소통의 문제일 뿐이다. 다문화가정의 신부가 한국어가 서툰 것은 당연하다. 한국어를 배우는 특별한 학원이나 프로그램이 있느냐 없느냐로 크게 고민할 필요는 없다. 집이 가장 좋은 학원이고 동네가 교습소이기 때문이다. 조금 기다리면 된다.

엄마들이 불편하지 않도록 모국어로 된 책도 볼 수 있고 모국의 요리를 마음 편히 먹고 소개도 할 수 있도록 지원해주어야 한다. 물론 한국 요리도 맛이 있겠지만 가끔은 모국의 요리가 그리울 것이다. 학교 식당에 가끔은 베트남 요리, 필리핀 요리가 나오는 날도 있어야 한다.

엄마가 자녀들에게 엄마 나라의 언어와 문화를 가르치게 할 필요가 있다. 한국 가정에서 성장한 학생이 아무리 베트남어를 열심히 공부해도 다문화가정의 자녀들보다 베트남어를 잘 구사할 수 있을까?

이들 자녀들에게 엄마의 모국을 자신들의 모국으로 생각하게 하고 자부심을 갖도록 해야 한다. 다문화가정의 자녀들은 '대' 한민국이 '큰' 나라로 가는 귀중한 자산이 될 것이기 때문이다. 미국에 다문화 가정이 따로 없듯이 다문화가정은 특수지역에 거주하는 소수민족이 아니라 우리나라에 온 식구들이다.

현재 세계에서 가장 활발한 경제권은 아세안이다. 다문화

가정에서 성장한 아이들이 발전하게 될 엄마 나라와 비즈니스의 주역이 되어 우리를 아세안 시장으로 이끌 것이다.

다문화 가정 외에도 국제결혼을 하여 외국에 사는 한국여성은 50만 명에 달한다. 이들 역시 모두 우리의 국력이고 민간 외교관들이다.

글로벌 사회에서는 다문화 가정이나 국제결혼이라는 말도 의미가 없어진다.

Sign, Design, Resign

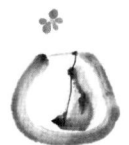

최근까지 미국에서 가장 인기가 있었던 자동차는 일본 차였다.

가격대비 우수한 성능, 몇 년을 타고도 팔면 좋은 가격을 받을 수 있는 이점 때문이다. 몇 년 전까지 가장 인기 있는 전자제품의 브랜드는 Sony였다. TV 스크린 한쪽 구석에 있는 'It's a Sony'라는 표식은 제품에 대한 자신감의 절정으로 보였다. 그 무렵 한국 전자제품은 상품 진열대의 구석에서 Sony 제품의 절반 가격에 팔리는 형편이었다.

20여년 전 현대 포니 엑셀은 수십 개의 자동차 브랜드 중 꼴찌에서 두 번째에 불과했다. 굳이 꼴찌를 밝히자면 지금은 여러 나라로 갈라진 유고슬라비아에서 만든 '유고'라는 브랜드였다.

오늘날 삼성전자의 휴대폰과 현대자동차가 미국시장에서 일류 제품으로 부상하게 된 이유 중 하나는 한국기업의 우수한 패치워크Patchwork능력을 꼽을 수 있다. 패치워크란 여러 가지 색상, 무늬, 크기, 모양의 작은 천 조각을 서로 꿰매 붙이는 것을 말한다. 예전에 쓰던 밥상보가 패치워크의 예다.

처음에는 외국제품을 수입 후 분해하여 부품에 대해 충분히 이해를 한 후 부품을 수입하여 다시 조립하는 리버스 엔지니어링Reverse Engineering단계에서 한 걸음 더 나아가 세계 우수제품의 장점을 연구한 후 좋은 장점을 살려 최고품에 근접한 제품을 만드는 방식을 패치워크 방식이라 부른다.

우리의 패치워크능력은 선악개오사善惡皆吾師라는 말처럼 농경사회적 집단 문화 속에서 남의 것을 관찰하여 좋은 것은 적용시키고 실패한 것은 '반면거울'로 삼는 일종의 벤치마킹이라고 볼 수 있다.

패치워크는 우수한 모방능력이지만 창의적인 것은 아니다. 패치워크 능력만으로 재미 보던 시대는 갔다. 앞으로의 경쟁력은 생산성이 아닌 창의성에서 나오기 때문이다. 창의성은 디자인 능력을 의미한다.

Design은 '지켜야 하는' Sign에서 벗어난다는 의미다. 영국의 전 수상 마거릿 대처는 경제위기의 탈출구가 디자인에 있다고 보고 "디자인을 모르는 사람은 물러나라! Design or Resign!"라고까지 하며 주변을 채근했다고 한다.

일본 제품의 산뜻한 외관과 내구성 그리고 꼼꼼한 Workmanship은 한 때 세계인의 칭송을 들었지만, 기계적 우수성만으로 빠르게 변하는 소비자 트렌드를 따라잡을 수는 없다. 이 점이 일본 제품의 한계일 수 있다.

그 동안 우리는 '성급함'을 단점으로만 알았지만, 빠르게 변화하는 소비자 취향을 맞추어 신제품을 출시하는 데는 '순발력'이 되었다. 우리의 제품은 우리 특유의 순발력과 Design이 합쳐질 때 세계적인 것이 된다.

그리고 Design은 '말도 안 되는 소리'를 경청할 때 나온다.

최영 장군의 영어 메시지

 대한민국의 성공신화를 듣고 싶은 개발도상국이 꽤 많은 것 같다.

 서울에서 분당을 가다 보면 중간에 개발도상국의 공무원들을 교육하는 한국국제협력단(KOICA) 연수원이 있다. 이곳에서 아시아, 아프리카 국가에서 온 공무원들이 한국의 발전경험을 배우고 있다.

 최근 이곳에 최영 장군의 부조상이 세워졌다. 부조상 아래에 영문 글귀 하나가 눈에 띈다. "Look at gold as if it is a valueless stone." 황금 보기를 돌같이 하라. 다 알고 있는 금

언인데 외국 공무원들의 청렴 교육을 위해서 사용되고 있었다.

최영 장군은 집안에 쌀독이 바닥을 보이고 헤진 옷을 입고 다닐 정도로 청빈하셨던 분이다. 그러나 그것이 외국 공무원들의 눈에는 어떻게 보일까?

청빈이란 단순한 가난이 아니라 스스로의 사상과 의지로 만들어낸 간소한 삶의 형태일 뿐이다. 즉, 청빈은 라이프 스타일이기 때문에 청렴과는 다르다. 분명한 것은 청빈은 선택이지만 청렴은 필수다. 금金은 돌이 아니고 금이다. 다만 이유 없이 받아서는 안 된다.

우리의 경제규모를 10위권이라고는 하지만 부패인식지수는 중상위권에 머물고 있다. 사람이 청렴하지 못하면 담아 두어야 할 비밀이 많아지고 그 비밀 때문에 거짓말을 하게 된다.

비밀을 아는 사람끼리는 음성적인 인간관계와 사조직이 생기게 되어 공적인 것이 사적으로 변질된다. '끼리끼리' 은밀함을 즐기는 동안 소통을 꺼리는 풍토가 알게 모르게 퍼진다. 조직에는 곰팡이가 피고 거래는 언더그라운드에서 이루어진다.

한국이 부패하면 한국기업이 의심을 받게 된다. 그 결과는 신용등급의 하락이다. 신용등급의 하락은 높은 이자를 부담한다는 의미다. 이것이 코리아 디스카운트다.

우리의 청렴도는 타이완, 부탄, 모리셔스와 비슷하다. 청렴은 개인의 품격과 국가의 격을 높이는 중요한 일이다.

청렴은 정재正財와 사재邪財의 구분에서 출발한다. 조건이 숨어 있는 공짜는 사악邪惡한 재물이다.

완도 사람들의 미소

완도莞島는 '스마일'의 섬이다. 완도 사람들도 그렇게 말한다.

섬 이름만 보아도 그렇다. '莞' 자가 '미소 지을 완' 자이기 때문이다. 완도는 원래 풍요로운 섬인데다 중앙정부로부터 멀리 떨어져 있었고 삼국시대에는 신라와 백제 중간에 있었던 영향으로 일본과도 오랜 세월 심심치 않게 교류가 있었다고 한다.

지금도 완도 사람들은 자력 생존의지가 강하고 자부심이 강하다. 이들은 오랜 세월 주변 세력 속에서 생존해야 하는 만큼 누구와도 웃고 지낼 필요가 있었던 것이다.

완도에는 장보고가 만든 청해진이 있다. 장보고는 9세기경 당나라에 건너가 군인이 되었으나 당시 당나라에 노비로 팔려온 신라인들의 비참한 모습을 보고 귀국한 후 청해진을 개척하여 1만의 군졸을 거느릴 정도로 큰 세력이 되자 중앙정부는 위협을 느낀다.

장보고의 옛 부하 염장을 자객으로 보내 장보고를 죽이고 군졸들은 일손이 딸리는 오늘날의 김제 땅인 벽골군에 강제 이주시킨다. 이후 많은 세월 우리의 해안가와 섬들이 왜구들의 노략질 터가 되었으니 안타까운 일이 아닐 수 없다.

역사상 신라 때만 해양세력이 융성했던 것은 아니다. '백가제해百家濟海'의 준 말인 백제, 오늘날의 파주시인 벽란도에서 아라비아 상인들을 통해 이탈리아 베네치아까지 청자교역을 한 고려도 있다.

그러나 조선시대에 와서 섬 주민들을 육지로 모두 이주시켜 섬을 비우는 공도空島정책과 해상교역을 금지하는 해금海禁정책으로 해양역사에 6백 년간의 역 주행시대가 계속되었다.

1960년 이후 우리가 수출 입국을 표방한 후 조선·해운·원양어업 등에서 성장을 이루었지만 북한은 대륙세력인 러시아와 중국에 의존하여 해양력을 키우지 못해 경제적 활력을 잃었다는 견해도 있다.

해양력은 앞으로 더욱 중요해질 것이다. 그 이유는 첫째 재화와 인력의 운송로가 해양이다. 우리는 수출입 물동량의 99%를 해상으로 수송하고 있다. 둘째는 자원 때문이다. 엄청난 자원이 개발되지 않은 채로 바닷속에 있다. 주변 국가들이 해양에 예민한 이유는 원유·원자재의 확보가 시급하기 때문이다.

마지막으로 해양은 지구 생태계의 보루이자 식품의 공급처다. MIT프랑켈교수에 의하면 세계 GDP에 대한 해양 산업의 직접적인 기여도는 20%가 넘을 것으로 추정한다. 우리의 경우도 해양 부문의 부가가치 기여도는 10년 안에 200조원에 달하고 500만개의 일자리가 생긴다고 한다.

우리의 생존과 번영은 바다에 달려 있다. 해양력이 강하면 적의 코 앞에서 방어할 수 있지만 약해지면 적이 바로 턱 밑에 와도 손을 쓸 수 없다. 해양력은 평상시에는 부를 창출하지만 전시에는 승리를 가져다준다.

우리가 해양으로 가는 길에 염장을 지르면 우리의 미래는 물 건너 간다.

화륜火輪적 사고

정월 대보름 쥐불놀이에 대한 추억을 더듬어본다.

전에는 시골에서 정월 대보름이 가까워지면 깡통에 손잡이 줄을 만든 후 마른 나무를 구멍 뚫은 깡통에 채워 넣고 불을 붙여 빙빙 돌리면 불로 된 큰 원이 생겼다. 이 때 불로 보이는 큰 원을 화륜火輪이라고 한다.

깡통을 돌려 원이 생기는 이유는 사실 불의 움직임을 눈이 따라가지 못해 생기는 착시 현상일 뿐이다. 눈이 제대로 못 따라가 정확한 현상을 보지 못하는 것은 일상에서도 흔한 일이다. 사물과 현상을 제대로 보기 위해서는 육체적 눈과 정신적 눈이 다 필요하다.

정신적 눈이 없으면 미래를 제대로 보지 못한다. '화륜' 현상에 빠진다는 말이다. 정신문명보다 물질문명이 앞서가는 것처럼 보이는 것은 전 세계 어디에서나 공통적으로 나타나는 현상이지만 일본의 경우가 두드러져 보인다.

지난 가을 일본에 갔다. 도쿄의 신주쿠에 나쓰메 소세키라는 일본 개화기시절 유명 작가의 탄생비가 있다 하여 인터넷에서 나온 지도를 들고 근처에 가서 주민들과 경찰, 스무 명 정도의 행인들에게 탄생비의 위치를 물어도 도무지 아는 사람이 없었다. 나쓰메 소세키라는 이름조차 모르는 사람이 태반이었다. 우리로 치면 이광수나 김소월을 들어보지 못했다고 말하는 것과 마찬가지다.

일본은 수백 년간 유교와 유교를 체계화 시킨 우리의 성리학을 도입하여 그들의 정신문화의 뿌리로 삼다가 메이지 유신 이후에는 동도서기東道西器적 입장에서 서구의 물질문명을 취사선택하거나 짜깁기하여 그들의 것으로 만드는 민활함을 보여주었다.

그 후 2차대전의 패전이라는 쓰라림을 통해서 서구 문명을 무비판 무차별적으로 받아들이게 된다. 그 결과 일본인들은 서구인들보다 더 이기적이고 개인주의적으로 변하게 되고 정신적 피폐를 낳아 버린다. 정신의 피폐는 남의 일에는 무관심으로, 자신들에게는 패배주의를 안겨 주었다.

오늘날 일본은 과거에서 보여준 것 같은 그들 나름대로의 정신문화를 제대로 피울 수 있는 발화점을 찾지 못하고 우왕좌왕하고 있는 것으로 보인다.

그들이 일찍이 조선의 성리학을 받아 그들 특유의 정신문화를 세운 것처럼 다시 한번 정신문화를 개척하고 발전시켜 나간다면 편안과 평화의 도道로 대한민국과 함께 미래를 이끌어갈 것이다.

일본은 다시 시대에 맞는 정신을 찾아야 한다.

극과 극

어느 해 초겨울 미국 아리조나 주를 여행하게 되었다.

카우보이가 말을 타고 소떼를 몰았다던 아리조나의 초겨울은 황량할 대로 황량하였다. 여행 중 길을 잘못 든 통에 늦은 밤까지 묵을 곳을 찾지 못해 사막 길을 가는데 달빛조차 없어 당황스럽기만 했다.

용케 사람이 살 것 같지 않은 외딴 곳에서 민박집 표시를 발견하게 되었을 때는 안도감도 느껴졌지만 뭔가 꺼림직하기도 했다. 어렸을 때 들었던 "하룻밤을 묵게 된 선비가 문풍지 틈으로 본 바느질하는 여인의 혀가 두 갈래로 갈라진 것을 보았는데 나중에 알고 보니 그 여인이 큰 구렁이더라."라는 옛날 이야기의 무서움이 스칠 무렵, 쉰 살 정도로 보이는 아주머니가 "이 밤에 웬 일이냐?'고 잠에서 덜 깬 목소리로 물을 때는 적이 안심이 되었다.

투숙을 하게 되었고 고단한 여정이다 보니 생각보다 늦은 시간에 일어나게 되었다. 숙박료를 지불하러 주인 아주머니를 찾아 인기척이 나는 방을 들어가보니 푸짐한 아침식사가 준비되어 있었다. 아주머니는 같이 먹기 위해 기다렸다고 하면서 저 쪽에 싸놓은 음식은 떠날 때 잊지 말고 가져가라고 했다.

아침 식사를 하면서 그녀가 어떻게 이런 외딴 마을에서 살게 되었는지 듣게 되었다. 이웃 마을에서 태어나고 자란 그녀는 남편과 헤어진 후 아들 '해리'를 키우면서 살게 되었는데 해리가 여섯 살이 되면서부터 방울뱀과 '노는 것'이 취미가 되었다고 했다.

치명적인 독을 가진 방울뱀도 해리를 알아보고는 양순하게 굴었다. 해리가 LA로 중학교에 간 후 여름 방학에 집에 오면 조그만 유리병을 가지고 나가 방울뱀의 앞니에서 독을 채집하여 인근 백혈병 연구소에 판다고 했다. 그녀는 독을 채집하는 것을 '밀킹Milking'이라고 표현하였다. 젖소에서 우유를 짜는 것으로 비유한 것이다.

마침 방학이라 늦잠을 자던 해리가 부시시한 모습으로 우리 일행의 아침식사에 동석하게 되었다. 해리는 자신의 방울뱀 밀킹은 꽤 고수입이어서 그것으로 일년 학비와 체재비를 충당할 수 있다고 했다.

해리가 어릴 때부터 어떻게 뱀을 잘 잡을 수 있는 지 궁금하여 그 비결을 물어 보았다. 71년생 돼지띠 해리에 따르면 방울뱀은 겁이 많은 연약한 동물이고 긴 몸 때문에 몸을 뒤로 돌릴 수 없어 앞으로 밖에 갈 수 없다고 했다. 그런 이유로 방울뱀은 뒤로 가서 목을 잡으면 바로 잡힌다는 팁까지 알려 주었다. 동양식으로 따져보아도 돼지는 뱀을 두려워하지 않는다.

뱀은 세계적으로 3천여종이 서식하고 우리나라에도 십여종이 있다. 이중 독사는 살모사, 쇠 살모사와 까치독사가 있는데 뱀 독으로 백혈병은 물론 앞으로 항암, 고혈압 치료약품과 여성들의 주름살을 펴주는 상품까지 나온다고 하니 뱀이 옛적에 이브에게 저지른 실수의 빚을 톡톡히 갚을 모양이다.

아침 이슬을 벌이 먹으면 꿀이 되고 뱀이 먹으면 독이 된다는 말이 있다. 방울뱀의 경우는 맹독을 만들지만 그 독이 귀중한 백혈병 특효약을 만드는 것이다. 극은 극을 낳으며, 극은 극으로 통한다는 말이 있다.

　해리 엄마가 들려준 두 단어 문장 "Extremes meet!"는 아직도 외운다.

이탈리안 스타일

이탈리아에 가면 소매치기를 조심하라는 말을 들어 보았을 것이다.

단골 메뉴는 집시 청소년들이 가까이 다가와서 한 아이가 주의를 분산시키는 동안 다른 아이는 그 틈을 타 지갑이나 휴대폰을 가지고 뺑소니 친다는 이야기다.

원래 거지와 사기꾼이 많은 나라는 '어영부영'이 통하고 인정이 많은 사회다.

이탈리아 중북부 도시 볼로냐 근처의 고속도로변 주유소에서 있었던 일이다.

주유소 직원이 주유를 마쳤을 때, 십만 리라짜리를 지불하였다. 유럽이 유로화로 통합되기 전 이탈리아에서는 리라라는 화폐를 썼는데 돈 가치는 우리의 원화와 비슷하였다. 주유소 직원은 거스름 돈을 가져오면서 "당신이 준 돈은 만 리라짜리였다. 십만 리라짜리를 달라."라고 하는 것이었다. 그의 말에 따라 십만 리라 권으로 지불하고 주유소를 떠났다.

뭔가 찜찜했다. 이탈리아에 오기 전 환전소에서 받은 환전 영수증과 남은 돈을 비교해 본 결과 십만 리라 권을 두 번 지불한 것이 분명했다.

따지기로 작심을 하고 일주일의 여정을 마친 후 볼로냐에 다시 들러 고속도로를 순찰하는 경찰에게 자초지종을 바디랭귀지로 설명하고 그들과 함께 다시 그 주유소에 찾아 갔다.

경찰이 주인을 찾아 사정을 설명하니 주인은 주유소에서 근무하는 직원들의 사진이 들어 있는 파일을 가져왔다. 그리고 누구인지 찾아보라고 하는데 돈을 두 번 받은 주유소 직원의 인상착의는 알고 있었지만 파일에 그의 얼굴은 없었다.

그를 못 찾았기 때문에 그냥 가겠다고 하자 주인이 잠시 기다려보라고 하더니 뭔가를 들고 왔다. 큰 여행용 가방이었다. 가지고 가라는 손짓을 했다. 받을 이유가 마땅치 않아 괜찮다고 하니 옆에 있던 경찰까지 나서서 좋은 제품인데 왜 안 가져가냐는 투의 제스처를 취했다.

  이것이 이탈리아식 해결 방식이란 것을 알았을 때는 시간이 제법 흐른 뒤였다. 처음 읽을 때는 감이 잘 들어오지 않는 추리 소설의 내용이 한참 뒤에야 이해가 되는 것처럼 전체 상황에 대한 감이 뒤늦게 들어 왔다.

  그 주유소의 주인은 종업원 중 누가 그랬는지 알고 그의 사진이 있는 페이지는 파일에서 미리 빼냈고, 경찰 또한 무슨 상황인지 잘 이해하고 있었던 것이다. 그들은 그들만의 방식으로 문제를 시끄럽지 않게 해결했고 낯선 외국인에게도 섭섭하지 않도록 상황을 종료시켰던 것이다.

  그들은 시끄러운 진리보다 여럿이 만족하는 평화를 택했던 것이다.

아비뇽의 아들 Pavia

70년대 중반까지 10월 24일은 UN데이라는 대한민국의 공휴일이었다.

시골학교 운동회에도 UN기는 만국기중 첫 자리 대접을 받았다. 시험에도 참전 16개국을 묻는 문제까지 나왔다.

옛 기억을 되살리면 한국전에 UN의 이름으로 참전한 16개국 중 아프리카 국가는 에티오피아와 남아공이었다. 에티오피아는 6천명의 지상군을 파견하였고 남아공은 공군을 파견했는데 이들 공군 중 33명이 전사하거나 실종되었다.

2010년 겨울 남아공의 수도 프레토리아에 갔다. 대통령 궁

앞 공원에 있는 탑에 한국전 희생자 33인의 이름이 새겨진 청동 명판이 있었는데 최근 금속 값이 오르자 누군가가 뜯어 갔다고 했다. 청동 동판의 의미를 모르는 이에게는 몇 푼의 용돈이 되었겠지만 의미를 아는 한국에서 온 나그네에게는 참으로 가슴 아픈 일이었다.

귀국 후 외교부에 연락하고, "상황을 알아보고 조치를 취하겠다."는 말을 듣고서야 마음이 놓였다.

프랑스 역시 한국전 참전국인데 프랑스는 각 도시와 마을의 복판에 나라를 위해 전사한 이들을 기리는 충혼탑을 오벨리스크 탑의 형태로 세워 놓는다. 1, 2 세계대전의 전사자는 물론 20세기 초 베트남전쟁, 북아프리카 전쟁과 한국전의 전몰자 명단이 오벨리스크 탑의 네 면에 나뉘어 적혀 있다.

아비뇽이라는 중세 성채도시에 갔을 때 이야기다. 화장실을 찾다 이 도시의 시청 청사까지 들어가게 되었는데 그곳에도 어김없이 오벨리스크 탑이 자리를 잡았고 '한국전쟁'이라는 제목 아래 전사한 한 젊은이의 이름이 눈에 들어왔다. Pavia Antoine 장미와 향수의 땅 아비뇽의 젊은이가 낯선 동양의 땅, 한국에서 전사를 한 것이다. 그는 무슨 생각을 하면서 젊은 생을 마감했을까? 그는 전생에 한국과 무슨 인연이 있었길래?

우리에게 그들은 누구인가? 아프리카와 유럽, 남미에서 형제와 이웃들의 사랑 속에 아버지가 되고 할아버지가 되어 손자들을 보는 평화로운 삶을 잃고 요절한 그들에게 "당신들의 명은 거기까지였을 뿐이요"라고 무덤덤한 생각을 해야 하는가?

우리가 그들을 기억하고 보은의 도리를 다 할 때, 나라의 품격은 높아지고 사회는 한 단계 더 성숙하게 된다.

작은 실천이지만 명분이 큰 일이기 때문이다.

더치페이

10여 년 전 국제기구에 근무를 한 적이 있다.

동료 직원들은 모두 외국 사람들이었다. 근무를 시작한 지 얼마 안 되었을 때 상관의 비서로부터 전화를 받았다. "일주일 후 호숫가 식당에서 저녁을 할 계획인데 참석자는 누구 누구고 식대는 30~50프랑 정도 되는데 참석하겠느냐?"라는 내용이었다.

'참석하겠다'는 의사 표시를 하고 나서 불현듯 "왜 비서가 저녁 식사 값을 이야기를 했을까?"하는 생각이 들었다. 비서의 친절한 습관인지 아니면 비싼 음식을 먹게 되니 고마워하라는 뜻인지 잠시 의아했다.

며칠 뒤 약속한 식당에 갔다. 밝은 분위기와 격의 없는 대화는 외국생활에 적응하느라 정신 없는 상태에서도 아늑함마저 느끼게 했다.

이후 식사가 끝날 무렵 한 친구가 뭔가를 적은 종이를 참석자들에게 돌리자 이내 참석자들은 호주머니에서 돈을 꺼내기 시작했다. 소위 더치페이(정확한 영어로는 Dutch treatment)를 하는 것이었다.

"아니, 나를 오라고 한 사람이 나보다 나이도 많고 지위도 높은데 왜 더치페이를 해야 하며, 다 큰 어른들이 웬 더치페이?" 이런 생각도 잠시……. 나에게도 상세한 내역과 함께 할당된 돈은 47프랑이었다. 아뿔싸! 호주머니에는 30프랑밖에 없었고 당시 유럽 식당에서 신용카드를 받는 곳이 그리 많지 않았다. 어쩔 수 없이 옆자리 친구에게 돈을 빌려 멋적은 웃음과 함께 상황을 모면하였지만 낯선 외국에서 사귄 지 얼마 안 된 친구에게 돈을 빌린 것은 찝찝한 일이었다.

생각하면 할수록 의아하고 당황스럽고 약간 씁쓸하기도 했다. 심지어는 외국 노래의 가사까지 떠올랐다. 'Out of shame, out of anger.'

다음 날 물을까 말까 하다가 비서에게 물어 보니 의외의 답을 듣게 되었다. "어제 저녁식사는 초대가 아니고 단순히 식사를 같이 하기 위한 모임이었다." 며칠 뒤 비슷한 제의가 있었는데 한 동료는 식대 50프랑은 자신에게는 부담스럽다며 불참 의사를 통보하는 것을 보고서야 의문이 풀렸다.

인간 관계(Relationship)중심 사회의 사고 패러다임을 가진 사람이 규칙(Rule)중심의 사회에 들어가자 혼란을 일으킨 경우였다.

관계중심 사회의 멤버십에서 이탈됐을 때 느끼는 감정은 주로 수치심(Shame)인 반면, 기독교 문화의 서양식 사고에서는 주로 개인의 양심에 큰 비중을 두고 양심에 어긋나면 죄책감(Sin)을 느끼게 되는 것이다. 동서양의 윤리의식 차이도 수치심 문화와 죄책감 문화의 차이에서 비롯된다.

우리 사회가 점점 관계중심의 사회에서 규칙중심의 사회로 가는 것을 '선진화되어 가고 있다' 고 말하기도 한다.

농본 사회를 배경으로 성장한 우리는 관계중심 사회의 인정이 그리워 질 때도 있다. 우리가 선진국 진입을 희망한다면 선택의 문제가 따른다. 관계중심에 머무느냐 규칙중심으로 이동하느냐를 선택해야 하는 것이다.

이유 없는 공짜보다 더치페이를 하면 다음에 만나기가 편해진다.

꼼 부 불레

개인이나 집안, 국가도 형편이 피고 나면 문화와 예절을 논하게 된다.

예절은 본래 타인에 대한 배려에서 나오고 배려는 타인이 원하는 바를 이해하고 인정함으로써 시작한다. 미국이나 영국 사람들이 'Thank you'를 입에 달고 산다면 프랑스 사람들은 '원하시는 대로' 하라는 뜻의 '꼼 부 불레Comme vous voulez'란 말을 자주 쓴다. 영어의 'As you wish'의 의미로 해석될 수 있다.

예를 들어 상대방에게 "저 창문을 열어도 될까요?"라고 질문을 했다면 프랑스인들은 '예, 아니오'라는 답변 대신 '꼼 부 불레'라고 말한다. 즉, 당신이 원하는 대로 하라는 뜻이다.

외국사람들과 근무할 때 일이다.

하루 휴가를 쓰기 위해 프랑스인 상사에게 "한국에서 친구가 와서 하루 휴가를 쓰겠다."라고 말했다. 그 말에 그는 한동안 멍한 표정을 짓더니 고개를 돌려 하던 일을 계속하는 것이었다.

이번에는 내가 당황했다. 남이 말을 했는데 무성의하게 고개를 돌리다니. 다시 말했다. 내일 휴가를 써야 하는 이유를. 그가 마침내 입을 열었다. "휴가는 당신의 권리Entitlement이고 당신이 휴가를 써야 하는 이유를 내가 알아야 할 이유는 하등에 없다."고 하는 것이었다. 당연한 권리라는 뜻인 'Entitlement'란 말의 뜻도 그때 제대로 알게 되었다.

우리는 많은 조언과 충고를 하면서 산다. 유교적 생활관습을 벗어나는 말이나 행동을 하는 경우 '버릇이 없다' '싸가지가 없다' 등의 표현을 하고 충고도 서슴없이 한다. 충고란 하는 사람도 망설이다 하고, 듣는 사람도 긴장 속에서 듣게 된다.

자칫하면 충고 때문에 오랫동안 앙금이 남는 경우도 있다.

충고忠告의 告자는 소우牛자와 입구口자로 이루어졌다. 이때 소우牛자는 소의 되새김을 의미한다고 추측해 본다. '입에서 나오는 되새김' 즉, 자칫하면 잔소리가 되고 만다. 잔소리보다는 '꼼 부 불레'가 타인의 인격과 자율성을 인정하는 표현으로 느껴진다.

한자는 왜 필요한가?

대학을 졸업하고 기업에 입사한 직원 중에서 아버님의 함자銜字를 한자로 쓸 수 있는 사람은 열명 중 세 명뿐이라는 지적이 있다. 한자를 학교에서 배우지 않았고 시험에도 출제되지 않았기 때문이라고 말하기에는 이유가 궁색하다.

물론 한글은 세종대왕이 집현전 학자들과 함께 백성들로 하여금 쉽게 글을 읽고 깨우치라고 만든 매우 과학적인 표음문자체계이다.

반면, 한자는 중국, 한국, 일본이 오랜 세월 사용해온 표의문자로 영어로 적으면 A4로 한 장을 써야 할 내용도 한문으로 쓰면 반 페이지면 족하게 된다. 표의 문자로 쓰면 내용이 압축되고 동사의 변화도 없기 때문에 글의 양이 줄어들게 된다. 우리말의 '안녕하십니까?'는 여섯 음절이지만 중국어로는 두 음절로 '你好'이다.

물론 한자의 압축성만 생각하면 장점일 수도 있지만 어떤 상황을 정확히 묘사할 경우에는 한자로 표기하는 것은 부정확할 수도 있다.

그러나 한자는 우리에게 특별한 의미가 있다. 우리가 사용하는 낱말의 대부분이 한자어이기 때문이다. 표의 문자인 한자를 사용하면 낱말의 함축된 의미를 파악하기 위해 여러모로 의미를 짚어보고 짐작하려는 노력을 저절로 하게 된다. 이런 이유로 한자를 알고 사용하면 사용할수록 사물을 여러 각도에서 바라보게 되어 이해력이 높아지고 연상작용을 통해 암기력까지 높아진다.

우리 글이 한자에 뿌리를 두고 있음에도 불구하고 우리는 그 동안 한자교육을 소홀히 하고 신문에서도 독자들의 낮은 한자이해능력을 감안하여 한자를 거의 '퇴출'시킨 상태이다. 우리의 젊은이들이 한자를 제대로 쓰지 못하고 '그리는' 수준으로 전락시킨 결과는 어느 외국 글자를 쓰고 안 쓰는 문제를 떠나 사물의 '전체성'과 '이면'을 이해하는 수준을 떨어뜨리는 결과를 가져왔다.

우리 언어는 표의 문자와 표음문자의 장점을 잘 살린 독특하고 우수한 체계를 가졌으나 한글전용으로 인해 표음문자로 편향되는 기형을 낳고 있다.

완전 한글전용으로 간다면 한글을 쓰나 영어의 알파벳을 쓰나 아무 차이가 없을 것 아닌가? '착한 남자'를 '차칸남자'로 표기하는 것에 대한 논란을 보면 우리의 고유어 표기마저 질서를 잃어가고 있다.

한자 교육을 하지 않으면 한자를 사용하는 중국어와 일본어를 이해하는 속도는 자연히 늦어지게 된다. 기초한자도 모르면서 중국어학원을 다니는 우를 범할 필요가 있을까? 초등학교에서 800자, 중학교에서 500자, 고등학교에서 500자를 공부하여 기본한자 1,800자를 이해한다면 무엇보다 우리 글에 대한 이해 역시 크게 높아질 것이다.

괴테는 "우리말을 알기 위해서 외국어를 공부해야 한다."라고 했다. 과언이 아니다.

유태인의 교육

　요즈음 부쩍 유태인 관련 책들이 쏟아져 나오고 있다. 유태인의 지혜와 교육 방식에 관한 내용이 대부분이다.

　유태인들이 2천만 인구로 노벨상 수상자의 25%를 배출하고 있다는 내용은 신문과 책에도 자주 언급되고 있다.

　미국 도서관에 가면 노인들이 뭔가를 열심히 찾고 공부하는 모습을 심심찮게 볼 수 있다. 그들 중 십 중 팔구는 유태인들이다. 그 노인들은 무엇 때문에 도서관에 나올까? 그들의 교육방식이 우리와 근본적으로 다른 점은 무엇일까?

　우리의 교육 방식은 중국 수 나라 때부터 시작한 과거제도에서 유래한다. 사서삼경을 읽고(Read), 암송(Recite)하며, 복습(Review)하는 '3R' 방식이다. 반면 유태인의 교육방식은 오랜 유랑생활 속에서 체득한 삶의 지혜인 탈무드의 전달과 공동체 속에서의 토론, 그리고 관찰과 질문으로 이루어진다.

책을 읽는 방식도 우리와는 다르다. 우리는 좋은 글에서 깊은 의미가 우러나올 때까지 읽고 외우는 식이라면 유태인들은 두괄식으로 이루어진 교재를 대강 훑어보고(Survey) 그 내용 중 나에게 관련된 부분에 집중적으로 질문(Question)하고 답하는 'SQ' 방식이다.

그들은 오랜 유랑생활을 통해서 다음에 거주할 곳이 안전한지 여부를 빨리 그리고 정확히 파악하지 않으면 모두가 위태로워진다는 사실을 잘 알고 있었기 때문이다.

사회의 현상이 복잡하면 할수록 발생하는 문제는 과거에 발생한 것과는 매번 양상이 다르다. 따라서 해결책도 매번 달라져야 할 것이다. 그렇기 때문에 해결책은 언제나 창의적이어야 한다. 창의적 해법은 누구나 아이디어를 낼 수 있도록 자유로운 분위기가 조성되어야 나온다. 그러기 위해서는 쓸데없는 명분에 묶이지 말아야 한다.

인류의 역사를 원시 수렵사회 사만년, 농경사회 삼천년, 산업사회 삼백년, 지식 정보 사회 삼십년, 창조사회 삼년으로 보면 사회의 변화가 빠르면 빠를수록 많은 문제가 발생된다. 그러한 문제에 대한 해답 역시 신속히 제시되어야 한다. 신속한 해법을 제시하는 자가 결국 세계를 주도하게 된다. 의사결정의 속도라는 측면에서 우리는 유태인의 SQ방식에 주목할 필요가 있는 것이다.

과거제도를 도입한 것은 수나라이지만 본격적으로 적용한 것은 당나라 때로 그 무렵부터 3모작이 가능한 쌀농사를 본격적으로 지을 수 있게 되어 경제가 안정되고 인구가 팽창하기 시작했다. 많은 인구를 효과적으로 통치하기 위한 수단이 중앙집권적 관료제이고 관료 충원 방식이 과거제도였다. 과거제도는 그 후 한국과 일본에서는 고시제도가 되었고 우리는 아직도 그 고시제도를 통해 엘리트를 충원하고 있다.

미국과 중국을 가리켜 G2라고 한다. G2의 경쟁은 결국 SQ와 3R의 경합으로 볼 수 있다. 3R방식의 '깊이'를 살리면서 SQ방식의 '속도'를 융합하는 시스템이 우리가 찾아야 할 시스템이다.

이제는 새로운 시스템으로 엘리트를 충원할 때가 되었다.

남은 우리를 아는데

 요즈음 한국과 한국어를 공부하는 외국인들이 심심치 않게 보이지만 과거에도 한국을 깊이 파고든 외국인들은 생각보다 많았다. 그들의 이야기를 소개한다.
 십여 년 전 일본의 한 선술집에서 보았던 일이다. 일본의 술집은 우리나라의 술집보다는 조용한 편이다. 그래서인지 두어 테이블 떨어진 뒷자리에서 약간 서툰 한국말 대화가 들려왔다. 가만히 보니 생김새는 일본인인데 자기들끼리 한국어를 쓰고 있었다. 궁금하여 물어 보니 "저희는 일본종합상사에 근무하는 직원들입니다." 라는 대답이었다.

대학 국사교재 중에 이기백 교수가 쓰신 '한국사 신론'이라는 책이 있었다. 이 책을 읽을 때 "아직도 모르는 우리말이 많기도 하구나."라고 자탄을 하고 어렵게 읽었던 기억이 있다. 그 '한국사 신론'을 완벽한 영어로 번역한 분이 있다. 하버드 대학의 에드워드 와그너 교수로 그의 박사 논문 제목은 '정치사적 입장에서 본 이조의 사화'이다.

얼마 전 우즈베키스탄 타쉬켄트에서 사마르칸드로 가는 국내선 공항 대합실에서 '크리스티나'라는 여성가이드를 알게 되었다. 30대 초반으로 보이는 그녀는 한국어를 완벽하게 구사했다. 그녀는 사마르칸드의 고구려 사신에 대한 벽화를 공부하면서 한국어를 공부하기 시작했는데 한국에는 아직 가보지 못했다고 했다.

그녀는 한국어와 우즈벡어의 유사성을 말하기도 했다. "곧바로는 '똑똑게', 오른쪽은 '오른게'라고 하지요." 그녀가 한 가지 사실을 더 알려 주었다. "옛 소련에서 신라의 이두문자를 연구하여 박사학위를 받은 사람이 열명은 됩니다."

남은 '우리'를 아는데 우리가 '남'을 모르면 결국 우리가 '우리'를 모르는 일이 되고 만다. 우리가 남의 역사와 문화를 알아야 그들의 심리와 트렌드를 알 것이고 우수한 상품도 심리와 트렌드를 연구한 후 디자인을 집어넣을 때 나온다.

남이 나를 아는데 내가 남을 모른다면 반쪽만 보게 되어 사고의 전체성을 잃고 만다. 2차대전 때 간디는 독일의 침공을 우려하는 영국 의회에 "무기를 버리고 비폭력 무저항으로 맞서라."는 서한을 보낸다. 물론 영국이 간디의 조언을 받아들이지는 않았다. 만약 영국이 간디의 조언을 받아들였다면 세계는 나치와 일제 밑에서 계속 신음하지 않는다고 누가 보장하겠는가?

영특한 간디가 왜 이런 실수를 했을까? 간디는 세계를 인도로 보았던 것이다. 인도에서 먹혔던 민족애로 세계적 갈등이 해결될 수 있다고 본 간디의 서한은 세상물정 모르는 노인의 당부에 불과했던 것이다.

우리가 남을 안다고 생각할 때 남들은 우리를 공부하고 분석한다. 우리가 남을 깊이 알아야 우리를 볼 수 있다. 어설프게 아는 것만큼 위험한 것은 없다.

제대로 알아야 올바로 결정할 수 있고 바르게 희망할 수도 있다.

4부

운명 업그레이드

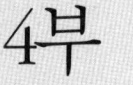

한번 사는 삶

'오늘은 나, 내일은 너 Hodie Mihi, Cras Tibi' 어느 라틴어 묘비명이다. 우리를 '오늘의 나'와 '내일의 너'로 만드는 죽음! 이제 안 오면 다음에 올 것이고 다음에 안 오면 그 후에 올 것이다. 세상에 죽지 않고 계속 살 수 있는 생명체는 없기 때문이다.

모든 생명체에게 죽음만큼 극적인 것이 또 어디 있을까? 죽으면 바로 부패하기 쉬운 무생물 상태로 변하게 되고 모든 관계로부터 분리와 이별을 하게 된다. 보통 사람의 경우 오늘

죽으면 모레 장례를 치르게 된다. 매장이든, 화장이든.

죽을 사死 자를 자세히 보면 一(한 일), 夕(저녁 석), 匕(비수 비)로 이루어져 있다. 죽음은 "어느 날 저녁 어둠 속에 찾아 오는 비수와 같다."라는 뜻이 아닐까?

사실 이 세상 모든 사람은 어느 부모를 만나 어디서 어떻게 태어났든 세상에 처음 온 사람들이다. 자신과 똑같은 특성과 잠재력을 가진 사람은 과거에도 없었고 앞으로도 태어나지 않을 것이다. 또 누구나 자신만의 꿈과 희망이 있고, 삶을 통해 얻은 지혜와 경험 또한 유일무이하다.

누구나 시간을 따라 흘러간다. 삶의 의미 또한 시간에 대한 고민 끝에 얻어진다. 흐르는 시간의 방향을 스스로 결정할 때 삶의 의미를 발견하게 된다. 누군가 삶의 의미를 발견했다고 한다면 그는 나름대로 행복의 길로 들어선 것이다. 삶의 의미를 찾은 사람이 주도적인 삶을 살게 된다.

삶이 주도적이 되면 독립적이 되고, 독립적이 되면 자유가 많아진다. 자유가 많아지면 활동 공간이 커지고, 활동 공간이 커지면 보고 듣는 내용이 풍부해져 창의적이 된다. 창의적이 되면, 세상의 아름다움을 더 많이 발견하게 된다. 주도적인 사람이 자신의 인생을 아름답게 만드는 것이다. 결국 "아름다움은 보는 이의 눈에 있는 것이다. Beauty is in the eye of beholder."

주도적으로 살다 보면 때로는 돈키호테 소리도 듣고 '돌아이' 소리도 들을지도 모른다. 부처님이 살이 찌고 안 찌고는 석수장이 손에 달려 있다는 말도 있다. 자기 인생의 방향과 스타일은 결국 자신이 디자인한다.

활과 화살

 가끔 전라남도 광양에 출장을 가면 정교하게 만든 활과 화살 장식을 보게 된다.

 광양에서 만드는 활과 화살은 성능이 우수하여 명중률이 높았다고 전해진다. 이곳에는 인간문화재 궁시장弓矢匠이 아직도 활과 화살을 만들고 있다. 주변에 이순신 장군의 해전 전승지가 많아서 그런지 예전에는 활터도 제법 많았다고 한다.
 정교하고 섬세하게 만들어진 화살을 볼 때마다 적잖은 공과 품이 많이 들어갔을 것으로 짐작된다. 화살을 만드는 인건비가 적지 않았을 테니 화살 하나하나가 귀한 것은 물론이다.

궁수의 명중률 또한 역시 전투에 큰 영향을 미쳤다. 옛적에 궁사를 처음 훈련시킬 때는 화살이 날아 갈 방향도 중요하지만 일정 거리까지만 쏘게 하였다. 이 과정을 통해 초보 궁사는 활과 화살을 알고 자신을 알게 된다.

이때 초보궁사 훈련용으로 사용한 화살이 '주살익弋'이다. 주살익에는 가늘고 긴 끈이 달려 있어 쏜 화살을 쉽게 회수할 수 있도록 되어 있었다. 과녁을 명중시키려면 잘 만들어진 활弓과 화살矢, 화살을 당기는 궁사의 정확한 힘이 필요하다.

먼저 활은 화살이 보다 강하고 일관성 있게 정확히 날아가도록 해주는 발사대 역할을 한다. 발사체인 화살은 반듯함과 무게가 있어야 한다. 그리고 궁사의 힘은 목표에 맞는 힘이어야 한다.

활을 너무 세게 당기면 끈이 끊어진다. 화살을 의미하는 시矢에서 오버하여 한 획을 조금만 길게 그어도 실失이 된다. 알렉산더, 나폴레옹, 히틀러가 권력을 잃는 것도 오버를 했기 때문이다. 나 또한 인생의 화살을 잘 쏘고 있는지 한번쯤 생각해 보자. 활과 화살의 선택, 거리와 정확도 모두가 중요하다.

모든 것이 맞아야 과녁의 한 가운데 점인 정곡正鵠을 찌를 수 있기 때문이다.

페르소나 유감

근래에 젊은 연예인들이 인터넷 악성 댓글 때문에 스스로 아까운 삶을 마감하는 경우를 본다.

이들은 무엇 때문에 극단적인 선택을 했을까? 그 이유를 짐작해 본다. 이들에게는 '본래의 자아'와 '연예인 아무개'라는 두 개의 자아가 있다. 문제는 두 개의 자아를 혼동할 때 발생한다. '연예인 아무개' 즉, 제2의 자신을 페르소나Persona라고 한다.

인터넷의 악성 댓글이 페르소나에 대한 시샘일 뿐인데 그

것을 '본래의 자아'에 대한 공격으로 오해하기 때문이다. 한마디로 '본래의 자아'와 페르소나를 구분하지 못한 결과로 발생하는 비극이다.

때로는 아무리 사실을 밝히려 해도 상황이 더 꼬이고 악화되는 수가 있다. 당사자보다도 주변인들이 그들 마음대로 생각해 버린 후 비슷한 수준의 사람들에게 빠른 속도로 전달하면 그것이 '집단적 사실'이 되어 진실의 탈을 쓰고 나타나는 경우가 있다. "인지가 현실이다. Perception is reality."라는 말과도 맥을 같이 한다.

당한 사람은 분하고 억울하고 세상이 다 자신을 증오하는 것으로 생각할 수도 있다. 세상이 적이 되고 자신은 외롭고 지치게 된다.

이럴 때는 어떻게 처신해야 하나? 인내만이 답인 것 같다. 무엇을 참는가? 참지 못할 것을 참아야 한다. 사실과 진실이 제대로 밝혀질 때까지 겸손하게 기다리는 것이다. 무책임한 혀 놀림에 휘말리면 나를 잃게 된다. 겸손하게 기다리면 알게 모르게 내공內功이 생긴다. 내공은 후일 나를 진정으로 강하고 성숙하게 만든다.

잘 생각해보라! 세상에 어디 진리와 정의가 하나만 있던가? 정의는 다 다르다. 처지와 사정에 따라 다르고 시간에 따라

바뀌기도 한다. 팔레스타인과 이스라엘의 정의가 다르고 오바마와 시진핑의 정의도 다르다. 세상의 정의가 나에게도 맞으라는 보장은 없다.

그러면 어떻게 해야 하나? 나에게 맞지 않는 것을 참는 것이 때로는 정의가 될 수 있다.

운칠기삼

운칠기삼運七技三이란 말을 들은 적이 있을 것이다. 나이를 먹을수록 실력보다 운이 중요하다는 말도 가끔 듣게 된다.

인간의 미래는 타고 난대로만 가는 것일까? 송충이는 솔잎만 먹어야 할까? 나쁜 운명이라면 고칠 수는 없을까? 논란이 있을 수 있다.

먼저 사람은 타고난 대로 살 수밖에 없다는 주장은, 한마디로 타고난 여건이 열악하면 열악한 삶으로 이어질 수밖에 없다는 단순 논리에서 출발한다. 그럴 듯한 말이지만 여기에는 한 가지 중요한 사실이 빠져 있다. 인간에게 '자유 의지'가 있다는 점을 간과한 것이다. 자신이 삶의 목표를 세우고 디자인하여 실천한다는 점에서 보면 운명은 얼마든지 바꿀 수 있다.

그렇다면 무엇을 어떻게 바꿔야 할까? 먼저 운을 바꾸어야 한다. 자기 자신을 바꾸는 것이다. 구체적으로 말하면 자신의 생각과 태도, 말투부터 바꾸는 것이다. 예를 들어보자. 연인을 위한 요리를 하는 사람에게는 음식 만드는 일이 축제가 되지만 마지못해 찌푸린 표정으로 음식을 만들면 그것은 노동이 된다. 누가 찌푸린 표정으로 만든 음식을 먹고 싶겠는가?

운運은 주변 사람들(軍)을 좋은 생각과 말로 보살피는(辶) 사람에게 찾아온다. 자신이 알게 모르게 쓸데없는 말로 주변에 상처를 주고 있지 않은지 생각해 보자.

유태인들의 지혜 중에 '나쁜 혀'라는 뜻의 라숀하라Lashon hara라는 말이 있다. 맞는 말이라도 남에게 상처 줄 말은 옮기지 말라는 뜻이다. 남과의 관계에서는 진리를 말하는 것보다 평화가 더 중요하다는 말이다.

예를 하나만 더 들어보자. 지나가는 강아지를 보고 "저 강아지의 아롱사태가 맛있겠다."라고 말하는 사람과 강아지를 애지중지하는 사람의 대화는 겉돌 수밖에 없다. 운은 남과의 공통점을 찾아 관계 개선을 시도할 때 발전시킬 수 있기 때문이다. 고집은 고립을 낳는다.

운명을 바꾸기 위해서는 할 일이 한 가지 더 있다. 세상이 바뀌는 것을 미리 볼 수 있어야 한다. 미리 보기 위해서는 세상의 소리를 먼저 들어보아야 한다. 그것이 관세음觀世音이다. 그리고 자신을 여러 각도에서 볼 수 있어야 한다. 그것을 관자재觀自在라고 한다.

세상 바뀌는 것을 일찍 깨닫고 자신을 짚어본 후 미리 준비하는 사람을 누가 당하겠는가? 바로 그가 자신의 운을 바꾼다.

운과 명

기왕 운칠기삼으로 시작한 이야기, 운명에 대해서 조금 더 이야기하자.

운명運命이란 말은 운運과 명命으로 이루어져 있다. 운이 주변과의 좋은 관계에서 나오는 것이라면 명은 자신을 바꾸려는 노력으로 만들어진다. 자신이 바뀌어 주변과 관계가 좋아진다면 결국 명은 운을 만든다. 그렇다면 명은 어떻게 바꾸어야 하나? 이것 역시 먼저 말과 생각을 바꾸어야 한다.

명命자를 자세히 보면 구口와 령令으로 나뉜다. 구령口令이 된다.

 좀 더 쉽게 말해보자. 우리는 알게 모르게 어려서부터 구령에 따라 움직이고 질서를 익힌다. 유치원 아이들은 선생님의 "하나, 둘! 셋, 넷!" 이라는 구령을 따라하고 움직이면서 집단이라는 것을 알게 된다. 해병은 교관의 "하나, 두울, 세엣, 네엣!" 에 따라 용맹함을 기른다.

 하물며 자기가 자신에게 입으로 말하는 것은 오죽하겠는가? 강한 암시와 염력을 갖게 된다. '말이 씨가 된다' 라는 속담은 그냥 나온 것이 아니다. 자기 앞일에 대하여 무슨 말과 생각을 하느냐가 인간의 명命에 지대한 영향을 미친다. 그래서 말조심이 중요하다.

 자신이 바라는 것을 실제의 상황처럼 떠올리면 이루어진다는 의미로 '사념동화 불소행현思念動畫不消行現' 이라는 말이 있다. 여기서 동화動畫라는 말은 움직이는 그림을 말한다. 영화나 동영상에 나오는 '움직이는 장면' 처럼 멈추지 말고 생각하고 염원하면 그것이 현실로 나타난다는 뜻이다.

 빌 게이츠는 아침마다 "오늘은 뭔가 아주 좋은 일이 생길 것 같다."란 말과 생각을 습관적으로 했다고 한다. 생각과 말을 함께 했으니 효과는 두 배일 것이다. 일본 사람들도 "좀 기다려 봐! 좋은 일이 꼭 있을 거야. 我慢すれば きっと いいこ

とが ある."라는 말로 스스로를 축원한다.

자 그럼, 우리는 무슨 생각과 말을 해야 운명이 업그레이드 될까?

얼마 전 포항에서 만난 신사분은 한 가지 의미 있는 실천 씨크릿을 소개했다. 매사에 감사하면 변화가 일어난다는 것이다. 노사문제가 긍정적으로 바뀌고 제품의 질까지 높아진다는 설명이었다. 문제 직원이나 가족끼리도 감사를 나누면 사고가 긍정적으로 바뀌고 신뢰가 형성된다고 부연했다. 어떻게 감사를 나누냐는 질문에 그는 "감사할 것을 찾아 글로 써서 코팅까지 해서 준다."는 것이었다. 감사할 것을 쓰다 보면 백 가지가 넘기도 한다고 말했다.

그는 감사에 세 가지 종류가 있다고 했다. 첫째는 If 감사이고, 둘째는 Because of 감사, 셋째는 In spite of 감사라고 한다. If감사는 '이렇게 되면 고맙겠다'는 감사이고, Because of 감사는 '그렇게 되니 고맙고', In spite of 감사는 '교통사고가 나더라도 이만큼만 다친 것에 감사하다'는 것이 그의 친절한 설명이다.

감사는 나와 주변을 효과적으로 이어주는 간단한 호의의 메시지다. 매사에 감사하면 소우주인 자신과 대우주와의 우호적 채널이 형성된다.

불행을 만드는 것들

 다른 사람들은 다 행복하게 보이는데 "왜 나만 불행할까?"라는 생각을 해 보았을 수 있다. 불행하다고 생각이 드는 이유는 사람마다 제각각이겠지만 공통적으로는 세 가지를 꼽을 수 있을 것이다.

 하나는 '지위에 대한 불안'으로 현재의 위치가 그대로 유지될까 하는 미래에 대한 불안이다. 불안은 때때로 비관과 자학을 낳고 심한 경우 패배주의의 구렁텅이에 빠뜨리고 만다. 또 하나는 '속물근성'으로 크고 작은 일에 자신을 남과 끊임없이 비교하여 스스로를 부대끼게 하는 것이다.

어릴 적에 '이 다음 어른이 되면 어떻게 살고 싶은지'를 글로 써보라는 글짓기 제목이 있었다. 많은 친구들이 "겨울에는 스팀이 나오고 여름에는 선풍기가 돌아가고 텔레비전이 나오는 집에서 살고, 자가용을 운전하고 싶다."라고 쓴 것을 기억한다.

그 후 30년, 많은 친구들이 자가용에 선풍기가 아닌 에어컨 속에서 겨울은 춥지 않게 여름은 덥지 않게 보내고 있지만 모두 행복한 것만은 아닌 것 같다. 왜 그럴까?

아마 그 이유는 그런 혜택을 나만 누리는 것이 아니고 다른 사람들도 모두 누리기 때문에 행복하지 않은 것이 아닐까? 처음으로 돌아가서 이치를 생각해 보자. 여기에 맞는 한 가지 신조어를 만들어본다. 회초리回初理!

비교는 누구와 하는가? 외국인이 먼 나라에서 잘 사는 것은 나와는 무관하고 재벌 2세가 잘 사는 것 또한 나와 무관하지만, 나와 가까이 있는 사람이 나보다 잘 살고 내가 그보다 못할까 봐 늘 전전긍긍한다. 거지는 이웃동네 부자를 부러워하지 않고 동냥을 많이 한 동료 거지를 부러워한다는 말도 비슷한 맥락이다.

하나를 더 꼽는다면 쓸데없는 자존심이나 자부심이다. 큰 불행은 과도한 자존심과 자부심 즉, 과대망상증Megalomania

을 가지고 과시적으로 행동할 때 생긴다. 자존심은 자신이 주장하는 것보다 남이 인정하는 것이 많다면 수용하겠지만, 인정받는 것이 적다면 자아도취로 폄하되고 만다.

자존심과 자부심은 주관적인 심리영역에 속하겠지만 가끔은 너무 과한지 스스로를 체크할 필요가 있다. 타인에 대한 평가에는 천재이지만, 자신에 대한 평가에는 바보가 되기 십상이기 때문이다. 자신을 평가할 때는 디스카운트를, 상대방을 평가할 때는 프리미엄을 적용한다면 남과의 관계가 좋아지고 좋은 평판을 듣게 된다.

이 때 운이 바뀐다. 좋은 쪽으로!

음양오행

"주역을 통달하면 귀신과 통한다."라는 말이 있다.

주역이나 음양오행은 신비감을 주고 있지만 여간해서 이해하기 쉽지 않다. 얼핏 들으면 황당무계한 소리로도 들린다. 더구나 서구 문명에 익숙해진 현대인에게는 몽매한 자들의 미신이나 헛소리로 폄하되기도 한다. 주역은 과연 미신일까?

주역은 주周나라 문왕이 쓰고 공자가 해석을 붙여 완성되어 우리의 삶에 오랜 기간 영향을 준 사유체계이다. 음양사상은 우주의 변화를, 오행은 변화의 질서를 설명한다.

조선의 대학자들인 이이와 이황, 정약용과 세종도 주역에 높은 식견을 가지고 앞일을 내다 보았다고 한다.

주역이 동양에서만 연구된 것도 아니었다. '원자原子의 아버지'로 기억되는 덴마크 출신의 보어는 주역을 물리학에 적용하여 노벨 물리학상을 수상하였다.

그 후 보어의 연구는 아인슈타인의 상대성 원리에까지 영향을 주기도 했다. 보어 가문의 문장에는 주역의 상징인 태극이 그려져 있다고 한다.

헤겔의 정반합 이론 역시 주역의 "음과 양은 합쳐지고 합친 음양은 다시 음과 양으로 나누어진다."는 음양이론에 바탕을 두고 있다.

우리가 묵혀버린 주역과 음양오행 사상은 사실 오늘날에도 우리와 함께 버젓이 살아있다. 만원 권 지폐를 한번 꺼내어 보자.

세종대왕 오른 쪽에 있는 해와 달 그리고 다섯 개의 봉우리가 보인다. 이것이 일월오봉도日月五峯圖다. 일월은 양과 음을 오봉은 오행을 의미한다.

다섯 개의 봉우리는 木金火水土의 오행을 의미하는데 서울의 4대문과 보신각도 木(仁-東), 金(義-西), 火(禮-南), 水(智-北), 土(信-中央)에 맞추어, 홍인지문興仁之門, 돈의문敦義門, 숭례문崇禮門, 홍지문弘智門 그리고 보신각普信閣으로 이름이 지어졌다.

지방에서 열리던 오일장까지도 각 고을의 지명 속에 숨어 있는 오행의 순서에 따라 열렸다.

태극기의 중앙에는 주역의 상징인 태극이 있다. 우리의 언어 생활에도 음양의 변화가 담겨 있다. 위로할 때 "어둠의 끝은 빛이다."라고 하고, 축하할 때 고진감래苦盡甘來라고 하는 것 또한 마찬가지 일 것이다.

주역의 상징인 태극에는 우주만물의 질서이자 건강의 기본 개념인 수승화강水昇火降이 표현되어 있다. 차가운 물 기운은 위로 올라가고 뜨거운 불기운은 아래로 내려가는 형상이다.

건강을 위해서는 "두한족열頭寒足熱을 유지하라."는 말이 있다. 머리는 항상 차게 유지하고 다리는 따뜻하게 해야 한다. 머리가 뜨거운 상태로는 잠도 오지 않는다. 발이 차지면 혈액순환이 되지 않아 만병의 근원이 된다. 頭寒足熱은 결국 水昇火降의 사상이 우리의 건강에 적용된 경우이다.

음양사상은 오랜 세월 우리에게 '변한다'는 사실로 통합의 질서를 알려주었다. 우리의 '하면 된다'의 정신 역시 '변할 수 있다'는 정신에서 출발 한 것이다.

세계는 에너지 부족, 기후변화, 테러리즘, 전염병의 창궐과 같은 국가 범위를 초월하는 새로운 도전에 직면하고 있다. 강자와 약자가 모두 '변화시킬 수 있다'는 자신감을 공유할 때문제는 해결의 길로 간다.

세상의 종교와 사상이 세계평화에 기여했다기보다는 그 자체로써 갈등을 일으킨 점을 부인할 수 없다. 이제는 자기 파괴의 시스템이 내장된 서구 문명의 시각에서 동쪽으로 눈을 돌려 화이부동和而不同의 아이디어를 찾아 볼 때다.

공자가 애독했다는 먼지 묻은 주역이 아이디어일 수 있다. 주역은 자연 현상을 인간사에 적용한 가치 중립적 사고 체계이기 때문이다.

주역은 종교도 아니지만 미신 또한 아니다.

기대치 관리

사람은 늘 누군가에게 뭔가를 기대하면서 살기 마련이다.

부모는 자식에게 자식답기를, 자식은 부모에게, 남편은 아내에게, 아내는 남편에게 일정량의 바람을 가지고 산다. 선배는 후배에게, 후배는 선배에게, 상사는 부하에게, 부하는 상사에게 늘 크고 작은 바람이 있다.

이 기대수준을 잘 관리해 나가는 것이 가정생활, 부부생활, 직장생활, 사회생활에 성공하는 길일 것이다. 그래서 인생살이 자체가 기대관리라고 해도 큰 무리는 아니다. 기대가 어긋나면 섭섭함과 실망이 생기고 실망이 오래가면 분노로 발전하고 분노는 공격과 파국을 낳는다. 가까웠던 사이도 차라리 모르는 사이보다 못하게 되고 만다.

친한 사이일수록 보통 이상의 기대를 하게 된다. 가까우면 가까울수록 기대는 커지고 기대수준은 높아지기 때문이다.

고향 선배는 후배가 남보다 자신을 더 잘 모셔주기를 기대하고, 고향 후배는 선배가 남보다 자신을 더 잘 해줄 것으로 기대하는 것은 인지상정이다. 그러한 기대가 어긋나면 비극이 생긴다.

예를 들어보자. 선배가 후배를 다른 사람보다 허물이 없다는 이유로 더 만만히 대하는 경우 후배는 그런 선배에게 마음의 상처를 입고 취중에 제 삼자에게 서운함을 토로하고, 그 내용이 선배의 귀에 들어가서 서로의 관계가 악화되는 경우가 더러 있다.

기대이상과 기대이하를 가르는 '기대치'는 상대에 따라, 조건에 따라, 시간에 따라 늘 변한다. 기대치에 미달되면 서운함과 오해가 생긴다. 기대치 관리가 곧 사회생활이다. 항상 상대의 기대치를 충족시킬 수는 없다. 이 때는 자초지종을 친절하게 설명해 주어야 한다.

좋은 인간관계는 '나이스'한 서비스에서 나온다.

졸리의 입술처럼

 압구정동과 청담동에는 언제부턴가 건물 곳곳에 일본식 한자와 중국식 간자체 한자로 된 간판이 곳곳에 보인다. 대부분 성형외과 간판들이다.
 원래 선천적으로나 사고로 생긴 신체의 기형을 잡아주던 성형은 이제 한 걸음 나아가 남녀의 외모나 미모를 한 단계 업그레이드하여 생활의 자신감을 높여주는 역할을 해오고 있다.

 한류를 타고 우리나라에 와서 한국을 즐기고 성형도 하고 가는 외국인들이 생각보다 많다고 하는데 그들은 '김태희의 눈처럼', '김혜수의 가슴처럼' 때로는 '안젤리나 졸리의 입술처럼' 만들어 달라는 부탁을 하기도 한다고 한다.

얼마 전에는 저녁식사 후 산책을 같이 하던 친구가 "집사람이 나서서 딸을 성형시켜야 한다고 하는데 뭐라고 해야 할지 모르겠네. 선선히 그러라고 하기도 좀 그렇고, 못하게 하기도 그렇고, 비용도 한두 푼이 아니라……." 라며 푸념한 일이 떠오른다.

10년 전쯤 꽤 많은 수의 부녀자와 청소년들이 머리를 노랗게 염색하고 다녔던 것을 기억할 것이다. 처음에는 몇몇이 염색을 하더니 삽시간에 유행이 되어 학교에서 학생도, 선생님들도 몇몇이 염색을 하다가 어느 순간 언제 그랬냐는 듯 노란 머리 염색 유행이 확 줄어들었다.

조선시대를 넘어 수십 년 전까지 틀던 상투는 단발령 후 점점 줄더니 이제는 상투를 트는 사람은 없고 쪽진 머리에 비녀를 꼽은 아낙의 모습도 찾기 어렵다.

이들에게 조선의 얼을 잃었다고 탓할 수 없듯 백성들이 살아가는 모습과 삶의 스타일에 제도나 사고가 이러쿵저러쿵 말하는 것은 불필요한 소모가 아닐까 생각해 본다. 도덕도 지나치게 강조하면 지키기 어려워 도덕이 되지 않는다.

서경書經에도 '백성이 원하면 하늘도 그에 따른다' 라는 뜻의 '민지소욕 천필종지民之所欲 天必從之' 라는 말이 있다. '잔디밭을 밟지 마세요' 라는 푯말에도 많은 사람들이 잔디를 밟아 길을 냈다면 그것이 길인 것이다. 사람들이 낸 길을 잘 다듬으면 훌륭한 길이 된다.

　서경 외에도 '백성의 소리가 하늘의 소리다' 는 뜻의 '복스 포풀리, 복스 데이 Vox populi, vox dei' 라는 라틴어 속담도 있는 것을 보면 백성의 소리를 듣는 것은 동서양 공통의 메시지인 모양이다.

　근대 한국의 혁신 사상인 동학에도 '사람이 곧 하늘이다' 는 뜻의 인내천人乃天이라는 말이 있다. 동학은 가부장적 유교 사회에서 부녀자와 아이의 생각을 존중해 주었다. 그 예로 '물타아勿打兒' 라는 말이 있다. '아이들을 때리지 말라' 는 말이다. 인권을 존중해온 서구 속담에 '아이들에게 매를 아끼지 말라' 는 뜻의 'Spare the rod, spoil the child' 란 말과 사뭇 비교가 된다.

　부녀자들과 아이들이 만드는 세상의 조그만 변화와 트렌드에 너그러워야겠지만, 그래도 신경이 좀 쓰이는 이유는 '남이 하니까 나도 한다' 는 식의 사고로 계속 살다가는 자신을 잃어버리지 않을까 걱정이 되기 때문이다.

성경을 보면 많은 질문들이 있다. 첫 질문은 창세기 3장에 하나님이 에덴동산에서 죄를 지은 아담에게 하셨다. "너는 어디에 있느냐? Where are you?"라고.

남이 하니 나도 '꼬리 물기'를 하고 '짝퉁' 명품이라도 들어야 하는 것이다. 남이 하니 나도 하는 식으로 계속 흉내를 내고 산다면 '명품적 삶' 즉, 떳떳하고 도도하게 살기는 어려울 것이다. 자기가 선택한 삶을 자기 스타일로 사는 것이 주도적 삶이 아닌가? 메뚜기도 무작정 뛰는 것 같지만 도착점을 보고 뛴다.

우리 사회의 모든 구성원 각자가 엄마 흉내, 아내 흉내, 남편 흉내, 며느리 흉내, 부모 흉내, 선생 흉내, 학생 흉내, 공무원 흉내, 직장인 흉내를 내지 말고 엄마답게, 아내답게, 남편답게, 며느리답게, 부모답게, 선생답게, 학생답게, 공무원답게, 직장인답게 살아간다면 우리사회에 흉한 것들이 찾아오지 않을 것이다.

내가 파마한 것을 남들은 별로 신경쓰지 않는다. 내 머리카락 짧게 자른 것을 남들은 잘 모른다. 나의 모습보다 나의 생각이 중요하다. 당장 미美가 선善으로 보일 수 있겠지만 시간이 지나면 선善이 미美를 이루게 된다는 것을 잘 알고 있을 것이다.

옛날 옛적 석가에게 한 제자가 질문을 하였다. "스승이시어, 저도 극락에 가려면 다른 사람들처럼 강가Ganga에서 목욕을 해야 합니까?" 라고 물었다. 강가는 힌두어로 갠지스 강을 말한다. 이때 석가는 상당히 위트 있는 답을 주었다.

"강가의 물고기는 지금쯤 모두 극락에 가 있어야 하지 않을까?"

사람을 보는 눈

'알다가도 모를 것이 사람의 마음이다' 라는 말을 듣는다. 삶의 과정이 곧 앎의 과정이라 알기 위해 배우고 또 배우지만 사람을 제대로 보는 것은 쉽지 않다.

사람을 보는 눈을 가리켜 지인지감知人之鑑이라고 하는데 인간사의 파국은 결국 사람을 잘못 보는 데서 오고 최악의 위기는 친구와 적을 구분하지 못하는 데서 온다.

공자는 배우는 과정을 세 가지로 보고 생지生知, 학지學知, 곤지困知라고 하였다. 지인지감을 기르기 위해서는 이 세 가지가 다 동원되어야 한다.

잠시 이 세 가지를 설명해보자.

첫째는 생지生知로 따로 배우지 않아도 나면서부터 아는 것을 말한다.

두 번째는 학지學知로 시간과 돈을 들여 학교나 책을 통해서 스승을 두고 배우는 방법이다.

세 번째가 곤지困知인데 이것은 경험과 시행착오를 통해서 힘겹게 배워가는 과정을 말한다.

대부분의 예술가들이나 운동선수들은 무수한 연습과 시행착오를 통한 곤지의 과정을 겪는데 이 때 근육이 찢어지는 고통과도 싸워야 한다. 사업에 망했다가 다시 일어서는 경우도 곤지에 해당된다. 한마디로 곤지는 쓴 맛을 본 후에 생기는 것이다. 사람도 겪어 보아야 안다.

삼국지에 나오는 수경선생 사마휘는 유비에게 제갈공명을 추천한 인물로 시골의 한 젊은이에 불과했던 제갈공명이 천하를 볼 수 있는 능력이 있는 사람이라고 보았던 것이다.

결국 지인지감은 생지에서 오는 직감, 학지와 곤지에서 나오는 지혜가 총동원되어야 한다. 괜찮은 사람이라고 일차 평가 되면 크고 작은 일을 시켜보아 정직, 능력, 신의, 성실, 예의, 절제와 민첩성 그리고 무엇보다 비밀 유지능력과 충성도까지 다 살펴보아야 한다. 사람을 제대로 이해하고 판단하려면 서두르지 말아야 한다.

   살피되 의심만 해서는 사람을 못 쓴다. 부족한 사람도 믿고 대우를 하면 귀중한 사람이 된다.

용인用人의 묘妙

전라남도 순천에 가면 왜성이 하나 있다.

정유재란시 카톨릭 신자로도 알려진 일본 장수 고니시 유키나가에 의해서 지어진 성인데 아직도 그 시절 흔적이 남아 있다. 이 성을 처음 보았을 때 조선의 성보다는 견고했을 것이라는 느낌이 들었다.

순천왜성보다 10여 년 먼저 지어졌다는 오사카 성은 일본 성의 견고함을 확실하게 느끼게 한다.

오사카 성이 견고한 이유는 사용한 돌의 모양과 사이즈, 재질이 모두 다르기 때문이다. 만약 모양과 사이즈가 모두 같은 돌을 사용하여 지었더라면 성은 조그만 충격에도 도미노처럼 무너지고 말았을 것이다.

조직 내 인사도 마찬가지일 것이다. 순종하는 사람, 구미에 맞는 사람을 쓰고 싶은 것이 인지상정이겠지만 각기 다른 개성과 특기를 가진 사람들을 모두 수용해야 조직이 강해진다.

만약 조직이 같은 의견을 가진 사람만으로 이루어졌다고 치자. 조직은 용비어천가만을 부르는 영혼 없는 집단이 되고 만다. 다른 의견을 수용할 수 있는 분위기와 절차가 마련될 때 조직은 위기가 와도 견디게 된다.

인간은 각자의 개성이 있고 사정이 다 다르다. 그것을 인정받고 싶어하고 알아 주기를 원한다. 통솔력이나 카리스마를 잘못 이해해서 '열외 없이'나 '100% 달성' '교육시간을 20% 늘리면 20% 의식 향상' 등의 표현은 단순한 공학적工學的 사고에서 나온 것들이다.

인간이 기계인가? 제품인가? 세계 인구 70억은 70억 개의 개성을 의미한다.

가장 우수한 사람들로 구성된 효율적 조직에서는 삭막함이 생기고 쉬이 피로해진다. 예리한 면도날은 두꺼운 것을 자르지 못하지만 무딘 작두는 두꺼운 것을 자른다. 무딤과 무던함이 예리함을 능가할 수 있다. 때로는 작두가, 때로는 면도날이 필요하다.

  면도날의 용도와 작두의 용도를 아는 것이 리더십이고 인사관리의 시작이다.

젊은 문화

우리는 세상살이를 정치, 경제, 사회, 문화의 순서로 나열하는 것에 익숙하다.

그런데 요즈음은 문화가 앞 서열이었던 정치, 경제, 사회 전반에 광범위한 영향을 미친다. 정치와 경제는 물론이고 제조와 오락도 문화를 읽을 수 있는 능력이 있어야 한다. 시대정신과 사상이 문화를 낳고 문화는 정서와 감정을 낳는다. 특히 현대 사회의 문화는 쉽게 만들어지고 일단 만들어지면 매스미디어를 타고 빠르게 움직이는 속성이 있다.

문화는 누구나 공통적으로 느끼는 편리함과 심심함, 싫증에 의해서 만들어진다. 문화와 편리를 제대로 이해하기 위해서는 상대방 버전으로 말하고 행동해야 할 경우가 있다. 예를 들면, 젊은이와 문자로 이야기할 때는 '축하합니다' 보다는 '추카 추카!' 라고 말하는 것이 호응도가 좋다. 어르신네와 문자로 대화할 때는 '추카 추카' 보다는 '축하드립니다' 가 당연히 맞을 것이다.

오늘날의 비즈니스는 문화를 이용하여 일종의 차등差等을 만들어가고 있다. 휴대폰을 가진 사람과 갖지 못한 사람, 스마트폰을 가진 이와 그렇지 못한 이, 3D영화를 본 사람과 그렇지 않은 사람 등. 이러한 차등은 가진 사람과 갖지 못한 사람, 해본 사람과 해보지 못한 사람으로 구분하여 갖지 못하고 해보지 못한 사람을 자극하여 구매를 유도하는 경향이 있다.

이러한 차등은 역설적으로 평등을 만들어내기도 한다. 그동안 남보다 지적 내실이 약했던 사람이 스마트폰의 애플리케이션을 말하면서 자신감을 갖게 한 공로도 있다.

사실 요즈음 정보의 홍수 속에 살고 있다고는 하지만 대부분의 정보나 지식이 지나치게 단편적이고 피상적이다. 너무 어렵고 깊은 것은 외면되기 때문이다.

어쩌면 공자나 맹자도 젊은 Pop culture와 맞을 때 부활될 수 있고 국가 지도자도 Pop culture를 통해서 만들어질 수 있는 시대이다 보니 누구나 Pop culture를 이해하고 배우는 노력이 필요한 것이다. 어쩌면 이점은 시대를 이해하기 위한 세금이라고 볼 수도 있다. 세금은 금전일 수도 있고, 육체적인 것일 수도, 정신적인 것일 수도 있기 때문이다.

옛날 옛적에는 '진리의 거울'이 하나였다고 한다. 그래서 '진리는 하나'라는 말이 있었는지 모르겠다.

그러던 어느 날 진리의 거울을 가지고 놀던 인간은 그만 그 거울을 산산 조각이 나도록 깨뜨리고 말았다. 조각이 나 깨진 거울 조각들도 모두 작지만 제각기 '진리의 거울'이 되었다.

깨진 거울 조각들을 모두 진리로 받아들여야 하듯 문화의 다양성을 이해하고 따르는 것이 바로 지혜가 되었다.

세가지 매듭

오랜만에 뻥튀기 기계로 튀밥을 튀는 장면을 보니 반갑다. 뻥튀기는 Input와 Output 그리고 Process라는 세가지 액션을 한 눈에 볼 수 있어 볼 때마다 신기하다.

인생에도 성공으로 이끄는 '3A'라는 세가지 Process가 있다. 포부 Ambition과 그 실현을 위한 능력 Ability 그리고 능력을 통한 성취 Achievement다.

Ambition은 어떻게 생기는가? 자극을 통해서다. 물론 타고난 욕망이 강한 사람도 있겠지만 지적 자극은 주로 어른들이나 선배들의 가르침, 여행이나 친구와의 대화, 좋은 강연, 봉

사활동 또는 우연히 본 장면 등을 통해서 받을 수 있을 것이다.

Ambition을 실현하기 위해서는 Ability를 갖추어야 한다. Ability를 갖추기 위해서는 부단한 세부 플랜의 작성과 실천이 필요하다. 가끔은 신선한 동기부여를 위해 누군가와의 우정어린 대화, 카운슬링이나 멘토링도 가끔 들어야 지름길을 알게 되어 고달픈 우회의 길을 면한다.

Ability는 현재의 나에 대한 정확한 측정에서 출발해야 한다. 이 때는 자신의 현재를 최대한 디스카운트해서 부족한 점을 정확히 인식해야 한다. 5백미터짜리 산을 오르다 천 미터 높이의 산을 오를 때는 Ability가 달라야 하고 준비도 달라져야 한다.

Achievement는 달성을 하여 매듭을 짓는 일이다. 매듭을 똑바로 지음으로써 새로운 출발과 새로운 Ambition이 시작된다.

Achievement 시점에서는 Celebration, 즉, 축하와 인정이 수반되어야 확실하게 매듭이 지어진다. 축하는 남으로부터 받을 수도 있고 스스로 할 수도 있을 것이다. 아이들이 책 한 권을 다 읽었다고 말할 때는 칭찬과 축하가 따라야 한다. 그래야 힘이 나서 또 읽는다. 어른에게도 마찬가지다.

심사숙고 深思熟考

인간은 늘 사고한다. 생산적이든 비생산적이든 사고思考를 한다.

사고思考는 사思와 고考로 이루어져 있다. 사思라는 말에는 주관적 지각이 포함되어 있는 반면, 고考에는 사물에 대한 객관적 인식이 포함되어 있다.

'사고思考를 한다' 는 것은 사물이나 현상에 대해 객관적 인식을 토대로 주관적 관점을 갖게 된다는 뜻이 된다. 따라서 심사숙고深思熟考의 의미는 '사실을 객관적으로 충분히 살펴보고 그 의미를 깊이 새겨보라' 는 뜻으로 해석된다.

쉬운 예를 들어 보자. 앞에 산이 있는데 높이는 1,500미터이고, 산의 남쪽은 따뜻한 반면, 북쪽은 험하고 찬 바람이 분다고 치자. 여기까지가 고考라고 볼 수 있다.

반면, 思는 "저 산 정상까지는 다리가 불편한 철수는 가기 어려우니 영수를 보내자. 남쪽이 따뜻하니 소풍은 남쪽으로 가면 되겠구나. 또 모험심이 있는 친구들은 북쪽을 가게 하는 것도 좋겠구나."라고 생각을 하는 것이다.

思의 의미는 객관적 사실을 가지고 짜임새 있는 프로그램을 짜는 것이라고 할 수 있다. 思는 田과 心의 만남이다. 마음을 써서 잘 정리된 구획田을 가져보라는 뜻으로 유추해본다.

한마디의 말이나 단어 속에는 넓은 공간이 있다. 한 조각의 말이라도 깊게 이해하면 역사, 철학, 정치, 경제, 사회, 문화 등 다방면에서 지식의 폭을 얼마든지 넓힐 수 있다.

듣는 말 한마디에도 뜻이 있다. 소홀히 하지 말고 심사숙고하자.

착각 속의 인간

사람은 수많은 착각을 하며 산다.

우선 오래 살 것이라는 착각을 한다. 태어난 시점은 자신이 알지만 죽는 시점은 알 수 없기 때문에 죽음이 없는 것으로 생각하고 지내는 것이다.

사람은 또 착각을 한다. 자기 말이 다 옳다는 착각이다. 나름대로 성공했다고 생각하는 사람은 남의 말을 들으려 하지 않는 아집이 있고 자신의 사고를 상대방에게 주입시키려고 하거나 충고를 하려는 경향이 있다.

하기 쉬운 것이 충고이고 가장 어려운 것이 자신을 아는 일이라는 말이 있다. 그의 말이 맞다 하더라도 그의 시대에 한해서는 맞는 말일 수 있다. 이런 분들이 들려주는 자신의 인생 회고담은 거의 위대한 자서전 수준이다.

사람의 착각은 여기서 끝나지 않는다. 그것은 남들이 다 자신을 좋아한다는 착각이다. 남들이 어느 특정 시점에서 좋은 말과 칭찬을 한 것을 가지고 모두가 자신을 좋아한다고 생각하면 그를 아끼는 사람마저 실망과 피곤을 느껴 떠나고 만다.

사람의 착각은 계속된다. 내가 남들에게 잘 해주었다는 착각이 그것이다. 준 사람은 준 것보다 많이 주었다고 생각하고 받은 사람은 받은 것보다 적게 받았다고 생각하기 십상이다.

한마디로 좋은 인간관계는 자기가 한 것은 줄여서 생각하고 남이 자기에게 해준 것은 붙여서 생각하고 표현해줄 때 겸손하다는 평판을 얻을 수 있다. 겸손해지면 자신에게 의구심이나 적개심을 가졌던 사람들까지 마음을 풀어 인간관계가 부드러워지게 된다.

신이 복을 줄 때는 주변사람을 통해서 준다는 말의 의미를 다시 기억할 필요가 있다. 기본적인 착각만 벗어나도 진정한 자신을 만나게 된다. 그리고 주변 사람들이 좋아한다.

누락과 중복

'알맞다'고 하면 부족하지도 넘치지도 않는다는 뜻이다.

조직생활을 '일'과 '인간관계'라는 관점에서 보면, 누락과 중복은 중요한 점검 포인트가 될 수 있다. 맥킨지 교수는 조직생활에 누락과 중복이 있는지 확인하고 이것들을 피하라는 말을 한다.

그의 말을 구체적으로 알아보자.

화장품 업자가 마케팅 담당 직원들에게 "립스틱를 파는 곳이 어디일까?"라는 질문을 했다고 치면 답은 아마 백화점, 화장품 가게 등이 될 것이다. 이 때 빠진 곳은 어디일까? 즉, 누락된 곳은 어디일까? 여학교 앞 문방구를 빼 놓으면 안 될 것이다. 실제로 여학교 앞 문방구는 루즈 매출의 15%를 차지하고 있다고 한다.

중복이라는 측면을 보면 상무가 아침에 한 지시를 부장이 오후에 되풀이하고 이어서 퇴근 전에 팀장이 반복하는 경우이다. 개인이 중언부언하는 경우도 중복을 의미하고 조직 내 비효율을 낳는다. 잔소리와 불필요한 회의는 직원들을 진절머리 나게 하고 스트레스에 빠뜨리게 한다.

인간관계 측면에서 보면 타인과의 관계에서는 누락이 없도록 해야하고 자신의 삶에는 중복이 없도록 노력해야 한다. 타인에 대한 안부나 배려가 빠졌는지, 즉 누락이 없는지를 거듭 확인해야 섭섭함이 없어진다.

자신의 삶에 무의미한 시간의 흐름이 없는지 또는 불필요한 노닥거림이 없는지도 확인해보아야 한다. 심심하고 피곤할 때 쓸데없는 말이 많아진다. 말하기 전에 몸 상태부터 알아야 한다.

세상의 모든 설화舌禍는 할 필요가 없는 말을 함으로써 일어난다는 사실을 알고 있을 것이다. 시인 프로스트의 말이다. "세상의 절반은 할 말이 있지만 못하는 사람, 나머지 절반은 할 말이 없지만 계속 말하는 사람이다."

어느 회사원의 증언이다. 같은 층을 사용하던 옆 부서의 장이 자신의 직속상관으로 왔다. 그는 부임 환영 저녁자리를 빌어 그 동안 섭섭했던 것을 이야기했다. 말이 섭섭함이지 의미는 "너를 그 동안 괘씸하게 보았다."라는 뜻으로 들렸다고 한다.

이유는 화장실에서 마주칠 때마다 인사를 하지 않았기 때문이었다고 한다. 화장실에서 인사하는 것이 예의에 어긋날 수 있다는 그의 생각은 상관의 생각과는 전혀 달랐던 것이다.

그 후 그는 '누락'이 없도록 하기 위해서 화장실에서 누구를 만나도 인사를 한다고 한다.

볏단을 진 농부

무지개는 일곱가지 색으로 이루어져 있다.

일곱 가지 광선을 가리켜 눈에 보인다는 의미에서 가시광선可視光線이라고 한다. 가시광선의 맨 왼쪽에 빨간색, 즉 적색赤色이 있고 맨 오른쪽에는 보라색 즉, 자색紫色이 있다. 적외선은 적색의 밖에 있고, 자외선은 자색의 밖에 있지만 보이지는 않는다.

세상에는 눈에 보이는 것보다 눈에 보이지 않는 것이 훨씬 많다. 멋있는 선물을 받는 것을 고마워 하지만 돈이 없어 선물을 주지 못하는 아련한 마음, 배가 고파 보채는 아이 등을 두드려 재우는 어미의 심정을 알기는 쉽지 않다.

'대지'라는 소설로 노벨 문학상을 탄 펄 벅Pearl Buck 여사가 1960년대 중반 우리나라를 방문했을 때 이야기다.

여사가 기차를 타고 경주를 가는데 창밖의 한 장면이 눈에 들어왔다. 한 농부가 소달구지에 볏단을 싣고 가는데 농부도 적지 않은 볏단을 지게에 지고 가는 것이었다. 이를 궁금하게 여긴 여사가 같이 수행하는 분에게 물었다.

"저 농부는 소를 두고 왜 저렇게 힘들게 볏단을 지고 가나요?"

"하루 종일 일을 한 소가 너무 힘들까봐 거들어주는 겁니다. 한국에서는 더러 볼 수 있는 일입니다."

펄 벅 여사는 잠시 생각에 잠기더니 나직이 말했다. "나는 오늘 한국에서 볼 것을 다 보았습니다." '워낭소리'라는 영화가 우리의 마음에 잔잔한 감동을 준 것도 우리의 내면에 펄 벅 여사가 본 농부의 마음이 있었기 때문이리라.

글 속에도 눈에 보이지 않는 뜻이 있다. 고전을 읽으면 눈에 보이지 않는 부분을 읽어낼 수 있다. 지혜를 얻는 것이다.

요즈음 누구나 빠른 속도를 중요하게 여기지만 정작 중요한 것은 올바른 방향으로 가느냐이다. 고전은 우리에게 올바른 방향을 제시한다. 그런 의미에서 고전은 여러 문제에 직면한 우리에게 문제 해결을 위한 기출문제집과 같은 것이다. 역사는 반복되기 때문이다. History repeats itself.

고전은 여러 번 읽을 때에 비로소 그 맛과 뜻을 알 수 있고 사고의 폭과 깊이가 생기게 된다.

시간을 내서 고전을 읽어보자. 역사서도 물론 고전이다.

사람의 때

물건은 때를 만나야 향기를 얻는다는 뜻으로 '물건봉시각득향物件逢時各得香'이라는 말이 있다. 사람들은 누구나 '언제(When) 때를 만날까'를 궁금해 한다.

사실 더 중요한 것은 '어떻게(How)하면 때를 맞이 할 수 있을까'를 생각해보아야 한다.

구두 수선공이었던 레이건 대통령의 아버지는 20세 된 아들이 취직에 실패하자 아들이 밥이나 제대로 벌어 먹을지 걱정했다고 한다. 당시 빈민촌 출신인 레이건을 백화점에서 고용하지 않았던 것이다.

어렵게 대학에 입학한 레이건은 동급생들과 쉽게 어울리지 못하고 어렵게 봉사 서클에 가입하여 활동한다. 후일 이 때의 경험이 그가 대통령이 되어 빈민구제사업을 하는 큰 밑거름이 되었다고 한다.

때가 오는 시점은 자신도 모르는 경우가 많다. 하찮은 일이라고 속단했는데 그것이 나중에 때를 만들어주는 경우도 있다. 세상에 필요없는 일이나 하찮은 일은 없다. 인생에는 마이너스가 없다. 나중에 보면 쓰라린 경험도 다 살이 되고 약이 된다. 필요없고 하찮다는 생각의 때를 씻어낼 때, 때는 서서히 그 모습을 드러낸다. 때는 사람을 통해서 온다.

사람이 만나는 것은 개성의 만남을 의미한다. 칼 융Karl Jung은 "두 개성의 만남은 두 화학물질의 만남이어서 반응을 낳고 반응은 변화를 낳는다."는 말을 했다. 상대방과의 관계를 화학적으로 보아야 하는데 물리적으로 볼 때는 서로 다른 영역이 설정되어 반응과 변화가 일어나지 않는다. 상대방의 행동에 변화를 일으키고 싶다면 상대방의 입장을 먼저 보아야 한다.

'보다'는 말은 이해의 기본이 되는 말이다. 눈으로 보다, 입으로 먹어보다, 코로 냄새를 맡아보다, 몸으로 해보다에는 '보다'가 공통으로 쓰인다. '보다'는 Look이요, See이고

Comprehend이다.

보이지 않는 것을 보는 것을 견성見性이라고 한다. 나를 보고見體 나의 위치를 봄見處으로써 견성을 하게 되면 상대와 상황을 이해하게 된다. 이것을 해오解悟라고 한다. 해오는 침착하고 고요한 마음의 상태에서 얻을 수 있다. 해오를 얻으면 때를 볼 수 있다.

신해행증 信解行證

최근에 자주 찾는 우동집이 하나 있다. 주인은 얼마 전까지 외교관을 하다 우동집을 열었는데 이제 손익분기점을 넘어 수익 사이드에 가고 있다고 한다. 우동 맛이 본토 우동 맛에 비해 손색이 없고, 서비스나 인테리어 모두 훌륭하니 갈 때마다 손님이 많아지는 것을 본다.

주인인 신 사장은 우동집을 내기 전부터 우동에 관심이 많아 "나중에 우동집을 한번 내볼까?" 하는 마음이 있었다고 한다.

우연한 계기로 우동집을 낼 시간이 생각보다 빨리 왔다. 외교관 생활을 마감하고 자신이 일본에서 다니던 단골 우동집에 가서 우동 만드는 기술을 전수 받았고 우동집 운영과 관련한 고객서비스, 인테리어, 가게 위치 등에 관해서도 철저히 조사하고 공부했다. 충분한 이해와 자신감을 가지고 가게를 연 것이다. 가게를 열고 몇 달이 지난 지금 그는 자신의 사업성과를 분석하는 단계에 와 있다.

신 사장의 경우를 불교에서 말하는 신해행증信解行證으로 풀어보자. 우선 우동에 관심이 있었다는 것은 信에 해당된다. 물론 이성교제를 시작할 때도 마찬가지다. "저 여자 괜찮네! 사귀어봐야지." 라고 생각하는 것이 信이다. 解의 단계는 우동 만드는 기술을 배우고 우동집 운영과 시장상황에 대한 충분한 이해를 한 점이다. 이성교제로 치면 데이트를 충분히 해보고 "이 사람과 결혼하면 우리 형제들과 화목하게 잘 지내겠다." 라고 까지 생각하는 단계이다. 解의 단계에서 중요한 것은 부분이 아닌 전체를 보는 사고가 중요하다. 行의 단계는 가게를 오픈한 것이다. 생각만 수없이 하고 재고 재다가 기회를 놓치는 경우를 많이 보았을 것이다. 이성교제로 치면 결혼 프로포즈에 해당된다. 行의 단계에서 중요한 것은 타이밍이다. 정신대 문제나 독도 문제가 예민할 때 일본 우동집을 열었다면 초반에 고전을 면치 못했을 것이다. 證의 단계는 자가검증 단계를 말한다. 信解行이 옳았는지를 반성하고 참고하는 피드백Feedback단계이다. 고객의 반응이 중요한 자료가 될 것이다. 결혼생활로 설명하자면 호감으로 시작한 결혼이 공감으로 잘 이어지고 있는지도 고려해 보는 것이다. 충분한 證의 단계를 거치면 새로운 信이 생기고, 이어서 나아진 解를 통해 보다 주도 면밀한 行을 하게 되는 선순환 사이클이 생긴다.

목화 바구미

19세기말에는 미국에서도 목화가 귀했다.

목화 바구미라는 곤충이 멕시코에서 미국 남부로 넘어와 목화밭을 망쳐 놓았다. 특히, 알라바마 주의 피해가 컸다. 농부들은 할 수 없이 콩, 땅콩을 비롯한 다른 작물들을 재배해야만 했고 소, 돼지, 닭들을 어떻게 사육하는지도 배우게 되었다. 그 결과 농가의 소득은 목화만을 재배했을 때보다 훨씬 높아지게 되었다.

특히, 알라바마 주 엔터프라이즈 사람들은 단일 농작물만 재배하다가 다양한 농작물을 재배함으로써 더 부유해지게 되자 너무나 감사한 나머지 목화 바구미 기념비까지 세웠다고 한다.

비문에는 '목화 바구미와 그것이 가져다 준 번영을 진심으로 기념하면서' 라고 쓰여져 있다. 알라바마 사람들의 해학인지 랜드마크 기념비 하나를 세우기 위해 지어낸 이야기인지 모르겠으나 곤충이 인간에게 복을 가져다 준 경우이다. 앞으로 곤충산업이 각광을 받는다는 예측도 있는 것을 보면 곤충이 인간에게 줄 복은 아직 많이 남아 있는 모양이다.

비슷한 이야기가 있다. 우즈베키스탄의 타슈켄트는 아랄해에서 끌어 온 물로 목화 밭을 경작하여 러시아의 상트 페테르부르크, 우크라이나의 키예프와 더불어 구 소련의 3대 도시가 되었다.

우즈베키스탄의 목화는 시간이 지나면서 지력이 떨어지고 아랄해의 물이 고갈되자 생산되는 솜의 양은 줄어들었고 씨는 크고 딱딱해지게 되었다. 놀랍게도 이 딱딱해진 씨에 지폐를 질기게 하는 카튼 셀룰로스 성분이 함유되어 있다. 이 사실을 알게 된 우리 조폐공사는 타슈켄트에 사무소를 내고 현지에서 카튼 셀룰로스 생산 준비를 하고 있다.

세상에는 생각해볼 것이 많다. 오늘의 길흉화복吉凶禍福으로 일희일비할 필요 없다.

5부

행운이 올 때

행복의 조건

 동창회에 나가 어릴 적 친구들을 만나면 누군가가 어릴 적 같이 지내던 시간을 회상하면서 빠지지 않고 하는 말이 있다. "그 때가 좋았어." 이 말은 지금과 비교해 보면 지나간 과거가 낫다는 말이다. 아마 시간이 흐른 미래에서 현재를 돌이켜 보더라도 현재가 좋았다고 할 것이다. 시간이 흘러가듯 즐거움과 행복도 흘러간다.

 행복은 어디에 있는가? 나에게 있다. 내 안에 있다. 언제 행복해질 수 있는가? 지금 행복하다고 말하면 지금 행복하다. 지루하다고 생각하면 지루해진다. 외롭다고 하면 외로워진다. 행복은 느낌이기도 하지만 언어이고 행동이기 때문이다.

사람은 홀로 왔다 홀로 간다. 자신의 인생에 대한 정의는 오로지 자신만이 내린다. 누가 어떤 방식으로 살아가든 삶은 즐겁고 행복해야 한다. 조용히 생각해보자. 즐거움과 행복에 사이즈가 있는지를. 소소한 것에 고마움과 기쁨을 느낄 때 생기와 의욕이 솟는다.

원하는 것이 달성되어야 행복을 느낀다고 말하는 사람이 있다면 그는 인간의 욕망의 속성부터 알아야 한다. 인간의 욕망은 획득, 유지, 과시라는 세 가지로 이루어져 있다. 갖지 못했다고 생각하면 늘 허덕이게 된다. 가지고 나면 유지하기 위해 부단히 의심하고 견제한다. 빼앗기지 않기 위해 경쟁자라고 생각되는 사람을 밀어내기도 한다. 욕망의 달성이 된 후에는 과시의 단계에 들어가게 된다. 이 때가 위험하다. 과시는 질투와 경쟁을 불러 자칫 몰락을 자초하기 때문이다.

욕망은 독점욕과 집착, 질투와 의심을 낳아 평정을 파괴한다. 마음이 고요하지 않으면 욕망을 다스릴 수 없다. 고요하지 않으면 천국도 극락도 볼 수 없다. 고요해지기 위해서는 침묵해야 하고 가끔은 고독과도 친구가 되어야 한다.

고요한 마음을 갖기 위해서는 주변 사람을 신뢰해야 한다. 신뢰하지 않으면 의심을 하게 되고 쓸데 없는 잡념이 생기게 된다. 의심과 잡념은 조바심을 만들고 남을 불신하게 만든다. 남에 대한 불신을 없애려면 감시를 해야 하는데 감시는 불쾌감과 에너지 소모를 초래한다. 생각해보라! 아무리 감시를 한들 불신이 다 사라지겠는가?

남을 신뢰하는 것도 훈련이 필요하다. 신뢰는 남에 대한 인정에서 출발한다. 자신과 다르게 생각하고 행동하는 사람을 못마땅하게 생각하면 미움이 생기는데 이 미움은 상대방을 사사건건 의심하게 만든다. 미움과 의심이 지나치면 남의 입장 따위는 눈에 들어 오지도 않게 된다.

그러면 상대방을 어떻게 인정해야 하나? 청각장애인을 못 알아듣는다는 이유로 탓하기보다는 조용히 펜과 종이를 주면 되는 것이다.

누군가의 욕망과 의심은 결국 투쟁을 낳고 투쟁은 방사형 증식을 하게 되어 결국 '만인의 만인에 의한 투쟁'이 전개되는 것이다. 이러한 사회에서는 강자와 승자가 박수를 받게 되지만 한번 당한 약자와 패자는 앙심을 품고 복수를 시도하게 된다.

상황이 이렇게 전개되면 투쟁은 날카롭게 되고 주변은 더욱 삭막해지게 된다. 우리사회의 극한적 갈등의 모습을 보라. 알고 보면 욕망과 의심의 결과물이 아닌가?

머물자니, 떠나자니

하루 시간의 대부분을 보내는 직장 생활이 고달프면 인생살이 자체가 고해苦海다.

그런데 머물자니 희망이 없고 떠나자니 늦은 것 같은 마음으로 하루하루 직장생활을 하는 분들이 의외로 적지 않다. 그들에게 현실은 괴롭고 직장은 수용소가 된다. 그럼 그들을 위한 샹그릴라는 어디에 있을까?

가족의 생계가 달린 그들에게 자신들의 몸이 있는 '바로 이곳'을 먼저 천국으로 만들지 않고서 피안의 땅을 찾기는 쉽지 않을 것이다.

인간관계를 동락同樂의 모드로 바꾸면 일단 마음이 편안해지고 주변 사람들과 이것 저것 도움을 주고 받으면 그것이 행복이다. 하나님은 주변 사람을 통해서 복을 주시는 것이다. 또 내가 복의 전달자가 되면 어떨까?

병에도 증상과 원인이 있듯 직장생활의 괴로움도 어디서 왔는지 찬찬히 생각해보자. 그 원인을 찾아 제거하면 상황이 나아질 수 있기 때문이다.

능력이 부족했던가? 인간관계에 문제가 있었는가? 아니면 둘 다인가?

원인이 외국어 부족이라면 바로 외국어 공부를 하고 IT능력이 부족하면 지금 배우면 된다. 시작하는 순간 스트레스는 사라진다. 미적거려서 뭐가 나오겠는가? 일단 긍정 에너지를 받았으면 사소한 것이라도 즉시 실천해 보자.

인간관계에 문제가 있다고 생각되면 스스로를 바꾸면 되는 것이다. 동료들을 만나는 아침이 기다려지는 밤으로 바꾸면 된다. 그렇게 생각하고 행동하면 그것이 습관이 되어 변화가 일어나기 마련이다. 그런 사실을 일깨워주는 책들이 얼마나 많은가?

생존과 자존

"세상에 쉬운 일이 어디 있느냐? 어린 것들 학교 마칠 때까지는 괴로워도 참고 다녀라. 고기도 놀던 방죽이 좋다고 하더라." 칠순의 할머니는 사표를 내고 싶다던 아버지를 그렇게 달랬다. 아버지가 새벽 줄담배를 피우실 때면 생존의 문제 때문에 당신의 자존이 구겨졌는지도 모른다고 졸인 마음으로 짐작하곤 했다.

우리가 흔히 듣는 '밥줄'이나 '목구멍이 포도청', 조금 유식한 표현인 '엥겔지수'나 '일용할 양식' 등은 생존과 관련된 말들이다. 반면, 자존이라고 하면 꿈이나 정의 같은 시선이 높아지는 말들이 떠오른다. 우리가 일상에서 자주 쓰는 동사인 '먹다'는 생존과, '보다'는 자존과 관계가 있을 것이다. '먹고 보자'는 말은 순서상 생존이 자존보다 우선한다는 뜻으로 해석된다.

무엇보다 생존이 중요한 것은 두 말할 나위가 없지만 지나치게 생존을 강조하면 현실에 급급한 천박한 사람으로 보인다. 그렇다고 자존만을 내세우다 보면 자칫 그 동안 닦아놓은 생존의 기반마저 위태로워질 수 있다. 그런 의미에서 성공이나 행복이라는 말도 생존과 자존이라는 두 바퀴의 균형 속에서 찾아보아야 할 것이다. 생존을 위해서 자존을 팔아서도 안 되고 자존을 위해 생존을 무시할 수도 없다. 그렇다면 생존의 문제를 덜 버겁게 느끼면서 자존까지 추구할 수는 없을까?

얼마 전 한 일간지에 국내 굴지 자동차회사의 최고 사내강사가 된 최갑도崔甲道 선생의 이야기가 소개되었다. 그가 회사에서 후배들을 위해 자동차 구조와 품질관리, 공장 자동화와 일본어에 이르기까지 다양한 강의를 하고 있는 내용이었는데 정작 눈길을 끄는 대목은 따로 있었다. 그가 생존에 머물지 않고 절망의 상황에서도 배움을 통해 자존을 성취했다는 이야기였다.

어린 시절 생계를 위해 아이스케키 통을 메야 했던 최 선생은 중고등학교 과정을 검정고시로 마친 후 자동차회사에 입사하여 '궁핍'을 스승으로 삼아 배우고 노력하여 학력學歷의 부족을 학력學力과 실력實力으로 바꿔 나갔다. 그런 그에게 학력學歷이 승진의 발목을 잡을 때도 있었지만 그는 공평하지 않은 인생을 탓하는 대신 배움으로 생존의 길을 닦고, 도전으로 자존의 길을 열기로 마음먹고 다시 한 번 인생의 방향을 정렬한다. 산을 만나면 길을 놓고, 물을 만나면 다리를 놓기로 한 것이다. 그에게 생존과 자존은 이음동의어異音同義語가 되었다.

직장인들이 흔히 윗사람을 흉볼 때 '강자에 약하고 약자에 강한 사람' 이란 말을 한다. 어쩌면 그 말이 사실일지도 모른다. 하지만 강한 목표의식을 가진 직원은 윗사람이 강하고 독한 것을 따지지 않는다. 목표가 뚜렷한 직원에게는 오히려 배울 점들로 가득하니 직장은 그들에게 더욱 고맙고 귀중한 곳이 되는 것이다.

행복한 사람은 생존과 자존을 구분하지 않고 생존 속에서 우리의 자존을 꿈꾸고 자존 속에서 우리의 새로운 생존을 찾아 나선다.

덴마크 사람들

지구온난화를 해결할 대체 에너지원으로 태양열과 풍력이 주목을 받을 무렵 덴마크에 다녀왔다.

덴마크 주변 바다는 수심이 낮아 풍력발전용 바람개비 설치가 용이하고 연중 내내 바람이 일정하게 불어 해상 풍력발전에 좋은 입지 조건을 가졌다.

어느 나라든 처음 갈 때면 그 나라에 대해서 미리 들었던 이야기나 선입견을 확인하고 싶어지기 마련이다. 내가 가졌던 덴마크에 대한 인식은 낙농국가로 안데르센 동화와 레고랜드가 있는 평화로운 나라였다.

막상 들어가서 본 덴마크는 생각과는 영 딴판이었다. 을씨

년스런 날씨 속에서 느껴지는 싸한 냉습함, 단조롭게 지어진 무채색의 주택들, 순박하지만 투박하게도 보이는 사람들. 목가적이라고 말하기에는 너무나 삭막한 풍경의 일색이었다. 한마디로 내 눈에 비친 덴마크는 한 번만 가봐도 충분한 매력 없는 나라였다.

그런 덴마크가 얼마 전 행복도 1위의 나라로 선정되었다는 기사를 발견했다.

기사를 자세히 보니 155개국중 덴마크가 1위를, 나의 조국 대한민국은 56위에 랭크되었다. 행복을 순위로 매기는 것도 우스운 놀음이고, 56위 국가 백성인 내가 1위 국가인 덴마크로 이민갈 일도 없겠지만 덴마크가 행복도 1위를 차지했다는 것은 나름대로 이유가 있을지 모른다는 생각이 들어 좀 더 알아 보았다.

그들의 역사를 잠깐 훑어보자. 덴마크는 14세기 바이킹 시대 이후 숱한 전쟁의 패배로 국토가 작아지고 16세기 이후에도 스웨덴 전쟁, 나폴레옹 전쟁, 프로이센 전쟁에서 연거푸 패배한 후 한반도의 1/5, 인구 550만 명의 작은 나라가 되어 버렸다. 날씨는 침울하고 위도까지 높아 겨울이 되면 오후 3시부터 해가 진다. 높은 물가와 50%에 가까운 높은 세금으로 외견상 행복할 이유가 하등에 없다.

우울증이 오면 비행기 삯을 들여서라도 덴마크에 가서 동네 맥주 집을 찾아가보라는 친구가 있었다.

맥주 집에서 옆 테이블에 있는 사람에게 "언제 행복을 느끼느냐?"고 물어 보면 그는 "오늘 저녁!"이라고 가식 없는 촌스러운 미소로 대답한다고 한다. 그런 곳이 다시 가고 싶어지고 그런 사람들이 또 보고 싶어진다. 같은 기를 나누고 싶은 것이다. 옛말에 이것을 동기상구同氣相求라고 했다.

이들이 주로 무슨 생각을 하면서 행복해하는지 물으면 "내가 만든 빵이 세계 최고인데 그 비결은 말린 사과 조각을 넣는 거다. 얼마나 말려서 넣는지는 나만 알지." 하고 자신에 대한 자부심을 갖는다는 것이다. 그들이 하는 대화는 "이번 우리 동네 하이디 생일이 다음 주인데 초코케이크는 내가 준비할 거야."와 같은 식이다.

그들은 이런 식으로 생각하면서 매일 신이 나고 매사가 축제가 되는 생활을 한다고 한다.

덴마크 사람들의 가식 없는 촌스러운 미소는 사람을 편하게 만든다. 웃으면 병에 안 걸리게 하는 호르몬이 나온다고 한다. 계속 웃기 뭐하면 늘 미소를 머금어 보자. 상대도 미소 짓게 되고 나도 또 웃게 된다. 그것이 내가 너이고 너는 내가 되는 동화同化이다.

'위하여'와 '함께'

공쓰, Confucius, 각각 공자를 칭하는 중국어와 영어다. 그가 인과 측은지심을 생각하게 된 것은 그의 성장환경과 무관하지 않게 보인다. 공자의 아버지 숙량흘은 70이 넘은 나이로 어린 후처와의 사이에 공자를 낳았다고 전해진다.

공자는 주인 마님의 씨지만, 후처가 난 자식이라 천덕꾸러기 신세로 천대받고 멸시받는 존재였을 것으로 짐작된다. 어린 공자의 처지에서 어떻게 하면 친어미와 함께 목숨을 부지하고 생계를 유지하느냐는 그의 삶에서 매우 중요한 문제였을 것이다. 그래서 태어날 때부터 그가 처한 두 가지 명제는

'사람'과 '관계'였다.

혼돈의 상황에서 공자의 솔루션은 부족한 형편과 넘치는 상황을 서로 이해하도록 하는 것이었다. 부족한 형편에서는 상대방을 인정하고 넘치는 상황에서는 상대를 어여삐 보도록 하게 하는 것이다. 어여삐 보는 것을 측은지심이라 한다.

측은지심을 동정심이라고만 한다면 뭔가 충분하지 않다는 생각이 들지 않는가? 동정심Sympathy이라는 말은 일방적이기 때문이다. 그럼 측은지심이 쌍방향이 되려면 무엇이 추가되어야 하나? 생소하게 들릴지 모르지만 그것을 감정이입 Empathy이라고 한다. 이후 동정심과 감정이입은 그냥 영어로 쓰기로 하자.

Sympathy와 Empathy를 예를 들어 생각해보자. 휠체어를 탄 환자가 있다고 하면 휠체어를 뒤에서 밀어주는 것은 Sympathy다. 이 때 휠체어를 한 대 더 가져와서 휠체어를 타고 옆에서 함께 이야기하는 것이 Empathy다. 우산을 씌워주는 것보다 같이 비를 맞아가며 이야기하는 것이 서로의 마음을 여는 것이라는 신영복 선생의 말도 Empathy를 잘 표현하고 있다.

'비견한다', '비견된다'는 말을 자주 본다. 어깨의 높이를 같이 한다는 뜻으로 한자로는 比肩이라고 쓴다. 감정의 높이가 같아야 서로 통하게 되는데 공자의 측은지심도 Empathy를 실천할 때 의미를 갖게 된다.

세상의 원리가 어렵고 복잡하게 보여도 막상 알고 보면 쉬운 것이고, 쉽게 보이는 것도 들어가보면 복잡한 경우가 많다. 뭔가를 알려면 들어보아야 하는데 감정이 통하지 않으면 상대가 말을 하지 않으니 들을 수가 없어 알 수 없게 된다. 진정한 관계형성을 위해서는 Sympathy도 필요하지만 Empathy의 실천이 그래서 더 중요하다.

눈에 보이는 것만 보고 행동으로 바로 들어간다면 단순한 동정심의 실천이다. 때로는 선의로 시작했다가 "네가 뭔데 나를 동정해?"라는 오해를 부를 수도 있다. 눈에 보이지 않는 상대방의 마음을 읽기 위해서는 일단 높이를 똑같이 해야 마음이 열려 소통을 시작할 수 있는 것이다.

'For' 와 'With' 가 같이 가야 한다.

겸손의 가치

'겸손하면 밥은 먹는다' 라는 말을 들어보았을 것이다. 자칫하면 '굽히고 비굴하면 생계는 유지할 수 있다' 는 식으로 오해되기 쉬운 말이다.

하지만 겸손에는 깊은 유래가 있다. 겸謙은 주역 64괘 중 15번째 괘, 손(巽, 遜)은 57번째 괘이다. 주역에서는 절제와 겸손을 인간관계 성립을 위한 최고의 키워드로 치고 '복이 꽉 찬 사람으로부터 덜어내어 모자라는 사람에게 보태주는 것이 귀신의 도이며, 잘난 사람을 미워하고 부족한 사람을 좋아하는 것이 사람의 도' 라고 하며 겸손할 것을 당부한다.

겸손을 어찌 동양의 소극적 미덕으로만 생각할 수 있겠는가? 예수 역시 하느님의 아들이었지만 말 구유에서 태어나 겸허한 삶을 사신 분이다. 낮게 임하신 분이다. 낮음을 통해서 형통을 이루신 것이다.

화제를 미국 메이저리그로 돌려보자.

미국의 프로야구 메이저리그에서 홈런을 가장 많이 친 선수는 755개의 홈런 기록을 세운 행크 아론이라는 선수다. 그 다음은 714개를 친 베이브 루스다. 물론 행크 아론의 홈런 기록도 언젠가는 깨지겠지만 중요한 것은 그가 선수 생활을 할 때 사구死球를 거의 맞지 않았다는 사실이다. 그것이 그의 선수 생명을 길게 만들어 주었고 긴 선수 생활은 당연히 그로 하여금 많은 홈런을 치도록 했다.

그는 왜 사구를 거의 맞지 않았을까? 그는 홈런을 친 후 Celebration 즉, 기쁨의 표시를 하지 않았던 것이다. 그가 만약 흑인으로서 요란한 몸동작으로 자축을 했다면 상대 투수들에게 미움을 사 부상을 면치 못했을 것이다. 최고 수준의 프로 선수들도 상대 선수의 요란한 자축에는 눈꼴이 사납기 때문이다.

사람 마음은 다 똑같다.

보이지 않는 것들

어린 시절 학교에만 오면 늘 조는 아이가 있었다. 그래서 그 친구에게 다른 아이들이 지어준 별명이 '졸보'였다.

모든 현상에는 이유가 있다. 알고 보니 그 친구는 집에 가면 물을 긷고, 나무를 하고, 불을 때고, 밥을 하고, 병든 부모님 수발까지 해야 했다. 밥이 부족할 때면 동네 양조장에서 얻은 술지게미 한 덩이를 아침밥 대신 먹고 학교에 왔던 것이다.

누군가의 행동이 기대에 어긋났다고 생각이 들 때는 혹시 그 사람을 잘못 생각하고 있는 것은 아닌지, 또는 그에게 남모를 사정이 있는지를 생각하고 또 생각해(思之思之)보는 것이 헤아리는 마음의 시작이 아닐까?

알 지知자는 화살 시矢자와 입 구口자로 이루어져 있다. 따뜻함이 없는 知는 상대방에게 '입으로 화살을 퍼붓는 것'과 같다는 의미가 숨겨져 있다. 한편, 지혜의 지智에는 밝힘과 따뜻함을 나타내는 일日자가 있어 따뜻한 헤아림의 중요성을 표현하고 있다. 암호를 풀이하는 것 같지만 어디 틀린 말인가?

세상에는 우리 눈에 보이는 것, 귀에 들리는 것 이외에도 많은 것들이 존재한다. 돈이 없어 선물을 사지 못하는 친구의 마음을 헤아리는 것은 知라기 보다는 智일 것이다.

우리는 知를 얻는데 많은 세월을 보내면서 더 중요한 가치인 지智와 혜慧를 얻는 것에는 소홀하지 않은지?

나이가 들면서 헤아림과 깨달음의 소중함을 느낄 것이다. 연륜年輪에는 젊음이 가지지 못한 경험의 나이테가 있다.

연륜은 말 그대로 나이테를 의미하는데 Man과 Age란 단어를 떠오르게 한다. 합치면 Manage다. 지도자가 조직을 꾸려나가는 것을 Manage라고 한다면 지도자와 구성원 사이에는 따뜻함이 흘러야 한다. 그럴 때 구성원들은 조직에 충성심을, 스스로는 자존심을 세우게 된다.

경영이 평범한 사람으로 하여금 비범한 일을 하게 하는 능력이라고 한다면 거기에는 먼저 편안한 마음으로 기량을 발휘 할 수 있도록 조직의 체온관리가 필요하다. 그런 리더를 지혜와 연륜이 있는 '분'이라고 한다.

이명耳鳴과 코골이

얼마 전 어처구니 없지만 살벌한 기사 하나를 보았다. 추운 날씨 탓인지 실내에서 발생한 일이다. 한 찜질방에서 코골이 소리로 시비가 붙어 다투다 귀한 생명 하나가 세상을 떠났다.

남의 신경을 거슬리게 하는 코골이에 대하여 연암 박지원 선생께서 하신 말씀을 소개한다.

연암의 표현 방식은 실학의 또 다른 거두인 다산 정약용 선생의 방식과는 판이하게 다르다. 다산은 '할 일'과 '하지 말아야 할 일'을 아주 친절하게 하나하나 나열하신 반면 연암은 정곡을 찌르는 표현을 하셨다.

연암은 귀울음耳鳴과 코골이를 비교하여 독특한 언급을 하셨는데 연암에 따르면 "귀울음은 자신에게는 고통이지만 타인들은 모른다. 반면, 코골이는 자신은 모르지만 남에게는 고통을 준다."라고 하셨다.

고통을 준다는 점에서는 차이가 없어 보이지만 코골이는 타인에게 불편을 준다. 자신의 단점을 스스로 알기가 쉽지 않고, 남이 여간해서는 자기의 단점을 지적해주는 것 또한 드물기 때문에 자신이 코를 곤 사실조차 모르는 경우가 많다. 그래서 우리는 알게 모르게 사고, 언행, 표정과 행동에서 '코골이'를 하고 있는지도 모른다.

남이 다 인정하는 코골이를 하면서 자신만 모른다면 상대방과 소통이 잘 될 수 있을까? 의사소통의 적은 의사소통이 잘 되고 있다는 착각이다. 각자의 독특한 코골이 습관을 찾아내어 개선 시키는 것이 타인과의 관계 수준을 높이는 길이 될 것이다.

남들이 나를 꺼려한다는 느낌이 들 때는 그만한 이유가 있다고 생각해볼 필요가 있다. 남들이 꺼려하면 고립되어 고독해진다. 사실 고독이나 유혹 같은 말에는 은연 중 남을 탓하는 뜻이 숨겨져 있다. 언제까지 누구를 탓하겠는가? 세상사 자작자수自作自受다.

나이가 들수록 코를 더 골게 된다. 조심해야겠다.

멈춤은 낙오인가?

찌찌! 어린 아이에게 만지지 말고 가까이 가지 못하게 할 때 쓰는 말이다.

'찌찌'는 지지止止에서 유래된 말로 문자 그대로 '멈춰! 멈춰! 라는 뜻이다. 원래는 '그칠 때를 알아서 그치라' 라는 노자 도덕경의 지지지지知止止止에서 나왔다.

멈추는 것을 아는 것, 지지知止는 쉽지 않다. 어떤 이는 우리가 공부하고 인격을 쌓는 이유가 다 지지知止를 하여 지지止止를 행하기 위함이라고도 한다. 중요한 결정을 할 때는 긴장하기 쉽고 유혹이 생길 때는 방심하기 쉽다. 이럴 때는 천천히 다시 생각해보아야 한다.

바를 '正' 자를 파자破字 해 보면 금방 알 수 있다. "일지一止는 정正이다. 한번 멈추는 것이 곧 바른 것이다." 활 쏘는 장면을 볼 때마다 느낀다. 강한 힘은 멈춤 다음에 나온다는 것을!

멈춤의 중요성을 말하는 예를 더 들어보자. 명견과 잡종 견의 차이는 무엇일까?

먹이를 찾아 콩콩대고 짖는 것은 똑같을 것이다. 개의 본능이기 때문이다. 그러나 차이는 멈출 수 있는 능력이 있느냐의 여부다. 명견은 주인이 먹지 말라고 하면 바로 멈추지만 잡종 견은 배가 고프면 그냥 먹는다. 멈출 줄 아는 것은 능력이다.

"먼 길을 가려면 반드시 쉬어 가야 한다."라는 옛말이 있다. 쉬는 동안 건강도 점검하고, 지도도 챙겨 목적지에 대한 인식을 분명히 한 후 다시 한번 준비가 부족한지를 따져 보아야 한다는 뜻일 것이다.

교육도 마찬가지다. 아이들이 철드는 나이나 자신의 적성을 찾는 시기는 아이마다 다를 것이다. 어느 부모들은 아이들을 일정한 틀에 넣고 공업용 제품 찍어 내듯 일정한 과정을 거치면 일정한 수준의 사람이 되는 것으로 생각하기도 한다. 자기가 생각한 스케줄대로 자식이 잘 안 되면 안절부절 못하는 경우도 있다. 이 경우에는 아이들과 갈등을 겪게 된다. "멀리 보고 달리면 길을 잃지 않는다."라는 옛말도 있지 않은가?

조금 기다리면 되고 그래도 안되면 더 기다리면 된다. 독일 속담에 "마지막에 웃는 자가 가장 잘 웃는다Wer zuletzt lacht, lacht am besten." 라는 말도 있다. 낮잠을 즐기고 느긋하기로 유명한 처칠이 한마디 했다. "오래 살다 보니 정적들이 다 죽고 없어졌다. I have outlived all my enemies."

우리가 뭔가 뜻대로 잘 안 되거나 더디게 되고 있다고 생각될 때는 '아주 귀중한 휴식의 시간이 왔구나' 라 생각하는 것이 좋다. 그럴 때가 자신과 대화하기 좋은 시간이다. 좀 쉬기도 하고 놀기도 하면 기분도 좋아지고 긍정적인 에너지가 생기게 된다. 이 때가 좋은 운으로 바뀌는 타이밍이다.

멈춤과 기다림

멈춤과 기다림이 중요하다는 말은 많이 하지만 멈추고 기다릴 수 있는 것은 지혜와 신뢰가 전제될 때만이 가능하다.

'맞다'는 의미의 '正'은 Just나 Justice로 해석되지만, 正을 이루기 위해서는 잠시 멈추고 생각해 보는 지혜가 필요하다. 'Just a moment!'라는 말도 직역하면 '일지一止'가 된다. 동서양 언어의 우연한 일치일까?

언제 가고 언제 멈추느냐를 아는 것은 단연 훌륭한 지혜이다. 잠시 생각을 가다듬고 생각해보면 지금이 Go의 상황인지 Stop의 상황인지를 알 수 있을 것이다. Stop의 상황에서 Go를 하는 것은 단순, 고집, 소신 또는 오기의 소산이고 Go의 상황에서 Stop을 하는 것 또한 소심, 과민, 유약, 게으름, 무지가 그 원인이다.

우리가 흔히 '못 먹어도 Go' 라는 말을 듣기도 하고 말하기도 하지만 오랜 장사 경험을 가진 나라 사람들 중에는 '돌다리를 두드리고도 건너지 않을 것 같은' 사람들도 많다. 협상이나 흥정의 상황에서 이런 사람들이 자주 보인다.

Go의 상황으로 몰고 가다가 갑자기 Stop상황으로 가면 당황하는 것은 상대방이다. 한마디로 '쥐었다 폈다' 를 하는 것이다. 요즈음 유행하는 말로 '밀당' 을 하는 것이다

장사 기질은 한국인보다 일본인이, 일본인보다는 '만만디 慢慢的의 중국인이, 중국인보다는 궤변에 능란한 인도 상인이, 인도 상인보다는 '인샬라' 의 아랍 상인이, 아랍 상인보다는 유태 상인과 네덜란드 상인이 우수하다는 말이 있다. 그래서 부가가치가 정점을 이루는 곳에는 항상 유태인과 네덜란드인이 있다.

누가 느긋하게 기다리고 있다가 자신에게 유리한 기회가 왔을 때 혹은 상대방이 불리한 입장에 있을 때 기회를 제대로 살릴 수 있느냐에 따라 상인의 능력이 평가된다. 그래서 운은 느긋하고 뻔뻔한 사람의 몫이라는 말도 있다.

기다림은 방관이 아니라 공이 크게 보일 때까지 기다리는

선구안選球眼을 갖도록 하는 것이다.

남을 기다려 줄 때는 지속적인 신뢰가 바탕이 되어야 한다. 중국의 우주과학자 전학삼(錢學森: 1911~2009)은 모택동이 "우리도 인공위성을 발사하고 싶다."고 말하자 "15년은 기다려야 한다. 첫 5년은 기초과학을 가르치고, 다음 5년은 응용과학을 습득하게 하고, 나머지 5년은 기계제작을 하도록 할 것이다. 그러니 그 사이에는 인재와 돈만 제공해달라."

그 후 15년이 지나고 추가로 10년이 더 지난 후인 1970년 중국은 인공위성 발사에 성공하였다.

특히, 인재양성은 기다림 없이는 불가능하다. 우리나라에서도 1966년 KIST를 만들고 1971년부터 8년 가까이 과학기술부 장관을 지낸 최형섭 박사(崔亨燮: 1920~2004)가 있었다.

그 역시 사람과 기술을 모으고 당시 과학자들에게 대통령보다 많은 월급을 주며 조급함과 초조함을 감추고 기다리고 또 기다려 주었다. 그의 기다림 덕에 오늘날 우리의 금속, 원자력, IT기술은 세계적 수준이 되었다. 한편 최형섭 박사에게 보낸 지도자의 신뢰와 기다림 또한 대단하다.

그의 묘비에는 "시간에 초연한 연구인이 되어야 한다." 라는 말이 있지만 당시 그와 같이 일하던 과학자들은 결코 느긋하지 않았다. 그들의 연구실에는 불이 꺼지지 않았다고 한다.

앎의 으뜸

우리는 왜 배워야 하고 무엇을 배워야 하는가?

배우는 이유가 모르는 것을 깨우치기 위해서라면 무엇을 모르고 있고, 무엇을 알아야 한다는 말인가?

우선 '나'를 알고 '너'를 알고 세상을 알아야 할 것이다. 여기서 세상을 안다는 것은 때와 장소를 아는 것이다.

옛날 바닷가의 노인들은 "배는 물이 들어올 때와 빠질 때를 알아서 띄워야 한다. 그렇지 않으면 배가 뻘에 처박힌다."라는 말을 해왔다.

노인들의 '때'에 대한 이해는 자연현상을 진지하게 관찰하여 얻은 경험이라 할 수 있다.

제주도 사람들은 "수에기가 동쪽으로 고개를 돌리면 장항을 닫아라."라는 말을 한다. 수에기는 돌고래를, 장항은 장독을 의미하는 그 동네 방언이다. 돌고래가 고개를 동쪽으로 돌리고 수영을 하면 비가 오니 장독을 닫으라는 뜻이다. 반대로 서쪽으로 고개를 돌리면 날씨가 갠다는 뜻이 된다.

바다 이야기를 했으니 배 이야기도 해보자. 뱃사람들을 통해서 들은 이야기다.

그 옛날 원거리를 항해하는 배는 여러 항구를 경유했다. 배가 항구에 정박하면 선원들이 내려 며칠 바람을 쐰다. Refresh를 하는 거다. 배는 다시 출항하기 전 물과 음식물을 채우게 된다.

배에는 항상 같이 동반하는 군식구가 있다. 쥐다. 쥐는 배가 항구에 들를 때마다 어느 틈엔가 내려 배가 떠나기 전 용케 다시 승선을 하는데, 쥐들이 승선을 포기할 때가 있다. 침몰할 배에는 다시 타지 않는 것이다. 쥐에게도 생존을 위한 육감이 있는 것이다.

육감六感은 문자 그대로 여섯 번째 감각이다. 육감이 생사의 갈림을 알려주기도 한다. 六感은 육감肉感을 줄일 때 생긴다. 六感을 능가하는 인간만의 예지력과 판단력은 나를 남의 눈으로 볼 수 있을 때 생긴다. 그쯤 되어야 탈 때와 내릴 때, 갈 때와 멈출 때가 언제인지를 분명히 구분할 수 있게 된다.

비교의 잣대

사회생활을 하다 보면 알게 모르게 남을 의식하게 된다.

남을 의식하는 순간 남과 자신의 비교가 시작된다. 굳이 비교를 통해서 행복의 기준을 삼겠다면 무엇을 가지고 누구와 비교하느냐에 따라 삶의 가치관이 정해지고 만족도가 달라진다.

뜻과 행동이 나보다 훌륭한 사람을 본받으면 지각이 열리고 사고의 폭이 넓어진다. 반면 경제적인 부분이 나보다 못한 사람과 비교하면 분수를 알게 되고 만족이 온다. 그것을 옛사람들은 '지행상방 분복하비志行上方 分福下比'라고 하였다.

내 꿈과 행동의 기준은 나보다 나은 가치와 행동을 보여주는 사람과 비교하고 내가 누리는 복은 남의 작은 복과 견주어 감사하고 만족하는 것이 현명한 삶일 것이다.

사람들은 가끔 뜻이나 행실이 아닌 속물적 비교를 통해서 남보다 자신이 우위에 있다는 사실을 인정받고 확인하고 싶어한다. 늘 칭찬과 관심에 굶주려 있고, 때로는 그것을 적극적으로 구걸하기도 한다. 스스로 타인의 강아지가 되기를 마다하지 않는 것이다.

스스로 만족滿足을 하면 비교하는 습관으로부터 벗어날 수 있다. 그러면 滿足은 어디서 오는가? 문자 그대로 '다리가 채워질 때' 온다. 현재 어디에 서 있든 서 있는 곳에서 최선을 다할 때 만족은 찾아온다. 사무실에서 엑셀작업을 하고 있으면 그것을 끝내야 만족이 온다. 결산작업을 하고 있으면 그것을 끝낼 때 만족이 온다.

참고로 사람의 다리 아래 발이 놓여진 방향이 만족의 방향이다. 발이 화장실을 향하고 있으면 화장실을 갔다 와야 만족을 한다.

이렇듯 만족은 소박한 속성이 있지만 남과 비교하여 일시적으로 얻는 만족은 나중에 또 다른 비교 대상을 찾아 헤매다 기필코 자신을 열등한 위치에 내려 놓고 나서야 손을 떼는 천한 시녀의 속성이 있다.

칭찬으로 만족을 찾는다면 자신의 위치를 하인으로 놓는 일이다. 자신이 받아야 할 칭찬보다 더 큰 칭찬을 받는다면 아첨을 받는 것이고 아첨을 받아도 기분만 좋으면 그만이라고 생각한다면 머지않아 비웃음을 사고 이어서 적을 사게 되고 만다.

퇴계의 제자 김성일은 "내 잘못을 말하는 자가 나의 스승이고, 나를 칭찬하는 자가 나의 적이다. 道吾過者 是吾師, 談吾美者 是吾賊"라고 했다. 옳은 말이다.

칭찬은 격려가 될 수도 있지만 적극적으로 구하는 자에게는 훗날 구속이라는 이름으로 나타날 수 있다.

공자와 '똘레랑스'

1998년 파리에서 노벨상 수상자들이 모여 새천년을 맞이한 인류가 살아 갈 방향에 대하여 토론을 하였다. 참석자들은 주로 이공계 출신이었다.

이들의 토론 결과 중 하나는 "2,500년 전 공자의 가르침을 따르지 않으면 인류와 지구는 곤경에 처할 수 있다."였다. 물론 공자의 인仁 사상이 서구의 계몽사상에 영향을 준 것도 사실이지만 왜 성경대로가 아니고, 불경과 코란대로가 아닐까?

仁자는 외견상 사람人이 둘二 있다는 것으로 보여진다. 사람이 공평해야 한다는 관점에서 생각해보면 사람人 변에 같은 길이의 획수인 = 로 결합되어야 할 것으로 보이지만, 二

자를 썼다. 한 획은 짧고, 다른 한 획은 길다. 인仁이란 짧은 것과 긴 것의 조화이다. 장점이 아래에 있고 짧고 부족한 것이 위에 서야 인仁이 실현되는 세상이다.

세상에는 가진 자와 많이 갖지 못한 자, 건강한 사람과 그렇지 못한 사람. 나이가 어린 사람과 나이가 많은 사람, 배운 사람과 그렇지 못한 사람, 잘사는 나라와 덜 잘사는 나라 등 많은 상대성이 존재한다. 이것이 엉킬 때 모순을 일어나고 갈등이 생긴다.

약자가 강자를 인정하고 강자는 약자의 입장을 헤아려서 아량과 관용을 베풀기, 이것이 仁의 정신이고 똘레랑스이다.

같은 것을 사랑하고 아량을 갖는 것이 아니라 다른 것을 사랑하고 포용해야 한다는 뜻이 내포되어 있다. 앞으로 미래 사회는 이질적인 것과의 결합이 더욱 활발해질 것이다. 감성과 이성, 인간과 기계, 하드웨어와 소프트웨어, 자연과 과학이 만나고 진화할 것이다.

사실 장단점은 떨어져 있는 것처럼 보이지만 장점 안에 단점이, 단점 안에 장점이 있는 것이다. 우리사회는 '노말 Normal'의 폭이 좁다. 이 폭을 넓혀야 글로벌이 되고 더 큰 아이덴티티를 갖게 되어 누구나 숨쉴 수 있는 건강한 국가와 사회가 될 것이다.

운명결정 요소

'하늘이 주는 혜택은 땅이 주는 이익보다 못하고, 땅이 주는 이익은 사람이 주는 혜택보다 못하다'는 말은 맹자의 코멘트인 '천시불여지리 지리불여인화天時不如地利, 地利不如人和'를 풀이한 말이다. 키워드는 천시, 지리 그리고 인화이다.

천시, 하늘이 주는 혜택이 무엇인지 보자.

오늘날 항생제 몇 알이면 나을 수 있는 종기로 세종대왕은 늘 고생을 했다. 불과 사오십 년 전만 하더라도 의료혜택을 받지 못해 며칠 앓는 소리를 내다가, 희미한 신음 소리 끝에 불귀의 객이 되는 분들이 있었다. 오늘날의 평범한 사람이 세종대왕보다 더 큰 의료혜택을 받고 있다.

인간의 수명을 비약적으로 늘린 세 가지는 전기, 수도, 의약품이다. 오늘날 누구나 받을 수 있는 이런 혜택이 불과 100년전만 하더라도 국왕에게조차 돌아가지 않았던 것이다. 그런 의미에서 우리는 좋은 시대에 살고 있다. 감사할 일이다. 이것이 천시의 혜택이다.

이번에는 지리를 보자. 아무리 좋은 시대에 태어나도 어느 땅에서 즉, 어떤 나라나 지역에서 태어났는가도 삶의 질을 결정하는 요소이다. 이것을 지리라고 한다.

몇 년 전 원자력발전의 유용성과 관련한 회의가 프랑스의 소도시 디종에서 열렸다. 이 자리에서 방글라데시 대표가 설득력 있는 주장을 펼쳤지만 그의 말을 진지하게 듣는 사람은 그리 많지 않았다. 그에 이어 등단한 미국대표의 발언에는 많은 참석자들이 경청하는 것을 보았다.

사람에 대한 대우는 출신 국가의 지위에 의해 정해지기도 하고, 어느 지역, 또는 어느 부족으로 태어났느냐에 따라 운명이 결정되는 경우도 허다하다. 지리가 주는 혜택이다.

좋은 때에 좋은 곳에서 태어났더라도 불화가 심한 가정생활, 괴로움을 당하는 학교생활, 스트레스를 받는 직장생활, 원만하지 못한 부부생활을 하고 있다면 그곳이 바로 지옥일 수 있다. 이러한 고통이 있더라도 좋은 인연을 맺고 좋은 대인관계를 유지한다면 어려움에서 벗어날 수 있다.

이순신은 할아버지 이백록이 기묘사화에 연루되자 아버지 이정이 벼슬길에 나가기가 어려워지고, 이순신 자신도 32세가 되어서야 무과에 급제했지만 유성룡이라는 인물을 만남으로써 '이순신'이 될 수 있었다. 백락伯樂의 눈을 가진 유성룡이 천리마인 이순신을 알아봄으로써 인연을 맺게 되었다. 이순신 역시 기품과 의기로 인연의 끈을 잡을 수 있었던 것이다.

천시와 지리는 인화를 통해서 결실을 맺는다. 천시와 지리 그리고 인화를 연결하는 것이 인간의 도리이다. 클린턴과 오바마 역시 편치 않은 환경에서 성장했지만 그들은 늘 명랑하였고 좋은 천성을 유지 하였다.

천시, 지리, 인화 중 하나를 꼽으라면 인화가 으뜸이다.

행운이 올 때

옛날 영어에 행운이라는 뜻의 hap이라는 단어가 있다. hap의 형용사형이 happy고 '우연히 생긴다'는 뜻의 happen도 hap에서 왔다.

우리는 우연히 생기는 일에 지나치게 민감한 반응을 보일 때가 있다. 생각해보라. 행복이나 행운도 찾는다고 찾아지던가? 그냥 놔두자. 평화롭고 건강하면 그게 좋은 것 아닌가? 평정심을 유지하면 심성이 순수해질 것이고 순수한 마음으로 '한결같음'을 유지하면 좋은 일은 자연히 생기지 않을까?

우리가 늘 행복이나 행운을 말하고 찾지만 그런 말들은 근래에 만들어진 말일 뿐이다.

세종대왕은 고추로 버무린 김치를 드시지 못했다. 당시 조선에는 고추가 없었기 때문이다. 이순신 장군께 "행복하신지요?"라고 물어 보았더라면 장군은 그 말이 무슨 뜻인지 모를 것이다. 행복이란 말은 일본 메이지 유신 때 만들어졌기 때문이다.

뭔가에 말을 붙이고 이름을 지으면 그것이 사고까지 지배하려 든다. 행복이라고 말하면 행복이 무엇인지 알려고 하다 헷갈리게 된다. 그래서 노자는 무엇에든 이름을 짓지 말라고 했다.

그럼에도 가끔 "왜 하필이면 나에게 이런 일이 생길까?" 라고 운을 탓할 때가 있다.

운이 나쁘다고 느낄 때는 무조건 남을 위해서 베푸는 것이 상책이라는 말이 있다. 그래야 꼬인 운도 제자리를 잡아 일이 풀린다는 말이다. 맞는 말이다. 물론 시간이 걸릴 수도 있겠지만. 남에게 호의를 베풀 때는 우선 표정부터 밝아지고 말이 부드러워지게 된다. 악운은 하늘이 주었는지 몰라도 행운은 인간이 만들 수 있다. 어둠 속에서도 빛을 볼 수 있어야 하고 밝음 속에서도 어둠을 볼 수 있어야 한다.

인생에는 가끔 히든 코드가 있다. 좋은 일은 주변 사람들을 통해 오묘한 방법으로 찾아온다. 오늘의 삶이 고달프더라도 즐거운 마음으로 살아보는 것이다. 한결같은 삶은 언젠가 보상이 있는 법이다. 이번 생에 복이 오지 않더라도 실망할 필요 없다. 자식이라도 복을 받을 수 있기 때문이다.
　행운은 오늘 아침 조용히 와 있다. 오늘을 좋게 보내면 내일도 좋다. Tomorrow is another brand new day. 매일 매일이 살아 있는 생일生日 아닌가? 오늘은 여생의 첫날이다. 즐겁게 사시라!